'9981

LES RUES DE TROYES

ANCIENNES ET MODERNES.

LES RUES DE TROYES

ANCIENNES ET MODERNES,

REVUE ÉTYMOLOGIQUE ET HISTORIQUE,

AVEC UN PLAN,

PAR

M. CORRARD DE BREBAN,

CORRESPONDANT DU MINISTÈRE DE L'INSTRUCTION PUBLIQUE
POUR LES TRAVAUX HISTORIQUES,
MEMBRE ET ANCIEN PRÉSIDENT DE LA SOCIÉTÉ ACADÉMIQUE DE L'AUBE

TROYES
BOUQUOT, IMPRIMEUR LIBRAIRE

PARIS
DELION, LIBRAIRE, 47, QUAI DES AUGUSTINS

1857.

Tiré à 300 exemplaires.

℀°

AVANT-PROPOS.

Lorsque je présentai à la Société Académique de l'Aube (1) un Mémoire sur les anciennes enceintes et fortifications de la ville de Troyes, j'annonçai le projet d'étendre ces recherches à l'état intérieur de la cité dans les temps anciens, et notamment au seizième siècle. — C'est ce dessein que je réalise aujourd'hui. Je suis pressé de le faire, par la rapidité avec laquelle les choses et même les noms antérieurs à la Révolution disparaissent autour de nous, ce qui rendra de plus en plus difficile toute concordance topographique.

Comme il ne s'agit point ici d'une description suivie, encore moins d'un corps d'histoire, mais seulement de la mise au net des indications que m'ont fournies sur nos rues et sur l'ancienne physionomie du pays la lecture des anciens titres et celle de nos chroniqueurs, j'ai pensé que le meilleur moyen d'éviter les généralités et les transitions, c'est-à-dire les inutilités, était de reproduire le tableau actuel de nos rues et places publiques, en rattachant à celles qui le comportent ce que j'ai pu apprendre de nouveau sur leur étymologie, les monuments et les usages qui les ont signalées.

Des revues de ce genre ont été exécutées naguère dans plusieurs villes de France. Nous pouvons citer Aix, Lyon, Lille, Cambray, Arras, Amiens, etc. — On a compris qu'il était opportun de rédiger ce qu'on pourrait appeler ces états de lieux pour satisfaire la juste curiosité de nos successeurs, et même dans des vues plus sérieuses, c'est-à-dire pour prévenir les incertitudes que les changements de noms et de configuration peuvent produire à un jour donné, soit dans la reconnaissance des propriétés privées, soit dans le théâtre à assigner à certains faits historiques. J'ai divisé, comme le faisaient nos pères, la ville en quatre quartiers dénommés d'après les principales portes, sauf les exceptions qu'a nécessitées à cette règle la réunion de certaines rues appartenant à des quartiers différents. L'ordre est celui suivi par Courtalon (2).

La nomenclature adoptée pour point de départ est conforme aux modifications arrêtées par le Conseil Municipal au mois d'août 1851, et consacrée par le beau plan de MM. Bacquet et Vitu.

Je serai très-bref sur les motifs qui ont justifié ces changements, parce que tout a été dit sur ce sujet, et très-bien dit par le rapporteur de la Commission, au travail duquel pourront se reporter nos lecteurs (3).

J'ai jugé utile de reproduire pour ce travail un plan de Troyes, publié par M. Laloy en 1827. Il remonte à une époque où les choses étaient demeurées presque entières. Il servira de point de comparaison avec le présent, et me dispensera de beaucoup de descriptions toujours moins intelligibles qu'un simple trait sur le papier.

J'ai dû me restreindre beaucoup pour les citations d'autorités. Ces citations, renvoyant à des manuscrits, n'auraient été que difficilement vérifiées et auraient doublé la matière. Je donne assez souvent le millésime du titre, il a son importance.

Je parlerai peu des monuments subsistants. A

quoi bon répéter ce qu'on trouve partout? Je m'attache surtout à ceux qui ne sont plus.

Je consigne ici l'expression de ma reconnaissance pour toutes les personnes qui ont facilité mes recherches. A ce titre, je ne puis me dispenser de nommer MM. d'Arbois de Jubainville et Boutiot.

Troyes, mars 1857.

LES RUES DE TROYES

ANCIENNES ET MODERNES.

QUARTIER DE BELFROY.

—

Rue de Belfroy.

Les vicomtes de Troyes, n'étant pas seulement des administrateurs de la justice, mais étant en outre gouverneurs de la cité et officiers de guerre, devaient, à l'instar des comtes, dont ils étaient lieutenants, posséder un palais ou château fortifié.

Ce château occupait un vaste emplacement entre l'église Saint-Nicolas et la porte de Belfroy ; son enceinte ou pourpris était de forme carrée, et communiquait, par deux passages, avec le Marché-au-Blé et la rue de Belfroy.

Ce château était quelquefois nommé la Maison-de-Fer (4), pour le distinguer d'autres maisons bourgeoises de l'intérieur de la ville dépendant de l'apanage de la Vicomté.

Mais lorsque cette institution (qui, par un abus fréquent dans ce temps là, était devenu un fief héréditaire au lieu d'une charge à vie) fut divisée et subdivisée, jusqu'à former des douzièmes, aucun service personnel ne fut plus possible. Le château sortit des mains des vicomtes par voie d'accensissement, et jusqu'à la Révolution, leurs représentants se bornèrent à percevoir des prestations censuelles sur les détenteurs de certaines maisons de ce quartier. Cette transformation était antérieure à l'année 1284 (5).

Cependant, les comtes de Champagne ayant, dans les années 1230 et 1242, donné à la ville de Troyes une sorte de représentation par la création d'un maire et de douze jurés, elle eut dès-lors à s'occuper de *besognes communes*, et, à l'instar de toutes les villes qui reçurent, à un degré quelconque, cette émancipation, il lui fallut le beffroy, qui en était le symbole, c'est-à-dire une tour élevée, du haut de laquelle la cloche du ban convoquait les habitants à certaines époques. Le beffroy remplaça la Vicomté sur ce point élevé très-convenable à pareille destination, et sa *galerie* servit, pendant bien des années, et au moins jusqu'en 1483, de *parloir aux bourgeois*.

La première mention du beffroy que nous ayons trouvée est de 1397, dans un des aveux de la Vicomté; mais il existait certainement bien longtemps avant, puisqu'en février 1406, dans une assemblée qui s'y tint, pour nommer le gouverneur de la maladrerie des Deux-Eaux, on constate que la tour a besoin d'être rétablie (6).

On l'appelle indifféremment, dans nos chroniques, la Maison, l'Hôtel, la Forteresse, le Donjon-du-Beffroy.

Une description, faite vers 1500, représente la tour avec trois étages : le premier en pierre, et les deux autres, plus étroits l'un que l'autre, en bois. Le haut formait deux croupes avec des lucarnes aux quatre faces (7); il fut compris dans l'incendie de 1524, réédifié en partie, et définitivement démoli en 1587, par mesure de sûreté générale.

Sa cloche, que par extension on nommait aussi le Belfroy, a été chantée par un poète troyen du xvie siècle (8). On trouve dans ce petit poème des indications précieuses. La première cloche s'appelait *Marie la Bourgeoise*, surnom qui confirme son origine. Elle ne pesait que quinze milliers; celle qui lui succéda, en 1462, s'appelait aussi Marie, elle avait été jetée en fonte par Simon Magret, natif de Haillecourt, par son neveu et par son fils. Elle pesait trente mille livres, mesurait trente pieds de tour, s'entendait à sept lieues à la ronde. C'était une des merveilles de la cité, célèbre au moyen-âge par le nombre, le poids et le savant accord de ses cloches (9) En 1467, elle fut fêlée par accident, et il est à croire que, malgré ses plaintes formulées en vers, elle fut laissée en cet état jusqu'à 1524. Quatre milliers du métal en provenant ont servi pour les cloches de l'église Saint-Nicolas.

Pour en revenir à la rue de Belfroy, elle a pris son nom du voisinage. Il en a été quelquefois de même du faubourg. On trouvait dans cette rue, au xvie siècle, les logis de la Tête-Noire, du Pavillon-Vert, de la Poire, des Trois-Goujons, de la Croix-de-Fer, du Saint-Esprit, de Notre Dame-de-Récouvrance.

Ces indications n'étaient pas toujours, il s'en faut de beaucoup, des enseignes d'hôtelleries. Elles suppléaient, pour les adresses, aux numéros qui sont d'institution toute moderne, même à Paris, et qui n'ont été placés à Troyes qu'en 1766 (10). Elles servaient aussi à constater, dans les titres de propriété, l'identité des héritages. On y attachait assez d'importance pour imposer aux locataires l'obligation d'en entretenir avec soin la représentation, qui consistait, tantôt en une enseigne peinte suspendue à une branche de fer, tantôt à des figures de demi-grandeur, en bois ou en pierre, tantôt en des sculptures en demi-relief, sur le panneau des portes d'entrée.

Rue de la Vicomté.

Ce nom a été heureusement substitué, par la délibération du 12 août 1851, à celui malsonnant de rue Catin, 1613, qui doit probablement son origine au mauvais renom de ses habitantes. Il rappelle à propos l'ancien château de la Vicomté, auquel cette rue conduisait.

Rue des Trois-Têtes.

Cette rue tire son nom de l'hôtellerie des Trois-Têtes, qui faisait l'angle de la rue de la Monnaie, ayant à droite et à gauche les hôtels de l'Epée et de l'Image-Saint-Nicolas.

En 1486, elle est appelée l'Hostel-des-Trois-Visages, dans la relation en vers de l'entrée de Charles VIII :

« Devant l'hostel nommé des Trois-Visages
» Deux cents enfants mâles qui criaient
» Noël, Noël, d'environ six ans d'âge
» Assis étaient sur un ou deux étages
» Trestous vestus de rouge et chapel blanc. »

Au mois de mai 1532, nous voyons deux pélerins de haute condition, se rendant de Nogent-sur-Seine à Jérusalem, descendre au logis des Trois-Têtes (14).

En 1583, cette hôtellerie existait encore.

Cette rue était appelée carrefour de Beffroy dans les anciennes ordonnances de police.

Rue de la Bonneterie.

Au nord de la halle de la bonneterie, qui lui a donné son nom en 1851,

Elle s'appelait auparavant ruelle Saint-Nicolas, et plus anciennement ruelle Saint-Nicolas-au-Chastre, 1320.

L'église Saint-Nicolas, qui est proche, passe pour avoir été, dans l'origine, la chapelle du château de la Vicomté ; elle est nommée, dans les anciens titres, *Sanctus Nicolaus in Castro*. — Incendiée en 1524, elle a été réédifiée, de 1526 à 1555, comme nous la voyons.

Place de la Bonneterie.

A reçu son dernier nom, comme la rue précédente, de la halle de la bonneterie.

Celle-ci, bâtie en 1829, occupe l'emplacement de trois auberges incendiées en 1686, savoir : l'Ecu-de-Bourgogne, la Pomme de-Pin et le Bon-Laboureur, et en outre, celui du Bougelot, qui a été acquis par la ville.

Cette place, dans tout le cours du XIIe siècle, se nommait le Marché aux-Meules. Plus tard, elle devint le Minage (12), ou Marche-au-Blé. Elle a porté ce dernier nom jusqu'à l'achèvement de notre nouvelle halle aux grains.

La Maison-Dieu, ou hospice Saint-Bernard-de-Montjou, avait, ainsi que son église, son accès principal sur la rue aux Meules, et d'autres issues sur la rue de la Monnaie. Le centre de son emplacement est représenté aujourd'hui par l'hôtel de France, n° 20 du marché, n° 33 de la rue.

Fondé vers le xɪᵉ siècle, il recevait les pélerins et les étrangers pour une nuit seulement.

En 1692, il devint maison de refuge pour des filles repenties. Vers 1750, il devint propriété particulière.

En 1662, c'était la cloche de cet hôpital qui annonçait l'ouverture du marché.

On trouvait sur cette place les logis suivants : l'hôtel des Trois-Faulx, du Barbeau, des Mulets, ou du Mulet, 1366 (il existe encore) ; des Meules, des Deux-Eaux, 1382 ; du Cornet, 1423 ; des Trois-Rois, 1445 ; de l'Ecrevisse, des Maillets, des Quatre-Têtes, des Corbillons, de l'Ange, de l'Arbre-d'Or, de l'I-mage-Saint-Cyr, des Miroirs, au coin de la cour Doé (entre les nᵒˢ 29 et 31). Ce dernier hôtel était d'une grande étendue ; des miroirs étaient sculptés sur toutes les faces. On voyait enfin de ce côté l'hôtel des Quatre-Vents, faisant le coin de la rue du Dauphin. Il appartenait, au xvɪᵉ siècle, aux de Pleurs. Il a donné son nom au carrefour. Au bas de Saint-Bernard se voyaient l'hôtel de la Hache, le Lion, le Chauderon, et enfin les Croisettes, à l'angle de la rue de ce nom.

Le Marché-à-Blé a partagé autrefois avec l'Etape-au-Vin le triste privilège de servir de théâtre aux exécutions. Son aspect n'était pas rassurant pour les truands et les bohêmes, qui ne devaient pas le fréquenter volontiers. En effet, au bas du marché, il y avait, en 1500, un poteau pouvant servir de pilori ; plus haut que Saint-Bernard, il y avait une potence, et plus en avant vers Saint-Nicolas, il y avait un pilori construit dans le modèle de celui des halles de Paris. C'était une espèce de tour à six faces, surmontée d'une petite tourelle de même forme, dont la couverture est en pointe (13). Depuis la Révolution jusque vers 1830, cette place avait servi exclusivement aux exécutions des arrêts criminels.

Rue de la Pierre.

Cette rue, dans les anciens siècles, était comprise sous le nom générique de Borberault, ou Bourbereau, qui s'entendait alors de tout le quartier compris entre les portes d'Auxerre et de Croncels. On disait : *aller en Bourbereau.*

Plus tard, elle tira son nom d'un établissement public qui formait une partie du revenu de nos comtes. C'était une presse en pierre destinée à battre et à plier les toiles, et dont ils avaient le monopole. En 1185, elle rapportait 143 livres 15 sols. Dans l'énumération de leurs possessions compilées, vers 1300, on lit : *Domum ad telas batandas in vico de Borberault* (14).

En 1331, nous trouvons cette rue devenue la rue de la Pierre, et la maison est dite : hôtel de la Pierre. Des comtes, cette propriété avait passé aux rois de France. Aussi nous voyons en 1548 qu'il est question de la maison *le Roi*, en Bourberaut, et que la ferme de la *pierre à plier toiles* a rapporté cette année-là 98^ll. Mais en 1579, il est dit, dans le compte du domaine, que cet article n'est énoncé que pour mémoire, et que l'établissement est en ruines, *attendu qu'on ne se sert plus de telle chose.*

La maison de la Pierre ayant été donnée en accensissement à divers particuliers, les pierres furent déposées à l'hôtel des monnaies.

La cour des Anges est située entre les n°s 23 et 25.

Rue du Varveu.

Cette rue, avant 1851, en formait deux.

Celle qui s'appuyait sur la rue des Forces se nommait très-anciennement de Barberey, nom emprunté à un village voisin de Troyes. — Dès 1727, et probablement longtemps avant, elle se nommait rue de la Serpette, ou des Serpettes.

La seconde était la rue du Varveu, proprement dite.

Ce mot de Varveu paraît une corruption de Varveau, donné par le grand plan manuscrit de 1769, et par le tableau des rues compris dans l'almanach de 1782. L'une et l'autre leçon sont également pour nous sans explication. En pareil cas, on peut toujours, avec quelque vraisemblance, assigner un nom propre pour origine.

La même rue se nommait, au xvie siècle, rue des Cernots, et depuis, rue des Trois-Faulx, ou rue du Barbeau. L'Annuaire de l'an ix mentionne ce dernier nom.

Tous les deux étaient empruntés à de grands hôtels qui, ouvrant sur le Marché-à-Blé, avaient par derrière une seconde entrée et de vastes aménagements.

Rue de la Clef-de-Bois.

L'étymologie n'en fait pas question, car nous avons sous les yeux un titre de 1614 concernant la maison où pend pour enseigne la Clef-de-Bois.

Au moyen-âge, elle se nommait rue de Montpellier, parce que les négociants de cette ville y avaient leur établissement au temps des foires. Au xiiie siècle, les marchands de Barcelone, de Valence, de Lerida, descendaient dans le même quartier. Ils y tenaient surtout les maroquins qu'ils recevaient, soit des Maures d'Espagne, soit des Sarrasins d'Afrique (15).

On y trouvait un jeu de paume, dit de Montpellier, s'étendant jusqu'à la rue de la Pierre, les hôtels de l'Épée et de l'Ange.

Rue des Forces.

Son étymologie est du même genre. Un acte de février 1550, devant Bruchié et Charpy, hypothèque au Chapitre Saint-Pierre la maison où pendait pour enseigne *les Forces*, c'est-à-dire des ciseaux à tondre les draps.

Cet outil n'était pas étranger à l'industrie troyenne; on y connaissait la communauté des tondeurs à grandes forces. Les petites forces servaient aux gantiers. — Troyes en partageait la fourniture avec Orléans, Vire et Elbeuf. Orléans avait surtout une grande réputation en ce genre.

On y trouvait la maison du *Diable-d'Or*, et celle de *la Beline*.

Elle se nommait plus anciennement rue des Turcs. Elle est encore désignée dans les titres sous les noms de Vauluisant et de Bourberault, à raison de sa proximité desdites rues.

Il ne faut pas s'étonner de ce vague dans les désignations, et de cette multiplicité de noms pour un même objet.

N'oublions pas que c'est tout récemment que l'autorité publique est intervenue pour réglementer cette partie de l'édilité.

L'inscription des rues au moyen de plaques en tôle, dont quelques-unes subsistent, ne date, à Troyes, que de 1766; et à Paris, elle ne remonte pas au-delà de 1728. Jusque-là, tout était laissé à l'arbitraire et à la fantaisie de chacun. Aussi, tantôt de plusieurs rues on n'en faisait qu'une, tantôt on assignait le même nom à plusieurs rues rapprochées d'un centre commun.

Voici généralement comme on procédait; d'abord on indiquait le but où telle rue tendait. Ainsi l'on disait : la rue par laquelle on va à telle église ou tel couvent. Dans les temps plus modernes, on empruntait le nom tantôt au genre de commerce qu'on y exerçait ou à l'établissement qui s'y trouvait, tantôt à un personnage très-connu qui l'habitait; tantôt enfin à l'une des enseignes de maison, et c'était le cas le plus commun.

Rue des Pigeons.

Ce nom, tiré d'une enseigne, avait succédé à plusieurs autres. C'était d'abord la rue du Petit-Pujot, puis la rue des Turots (1541). On l'avait aussi nommée rue de Félix-Picard; ce particulier habitait la maison de la Picardie. Nous avons trouvé, et nous signalerons d'autres exemples de ces allusions au nom du propriétaire dans les insignes extérieurs de la maison.

Rue du Bois-de-Vincennes.

Elle se nommait très-anciennement rue Boucherand ou Bouterand. Vers 1500, une maison où pendait pour enseigne le *Bois-de-Vincennes*, motiva le

changement. On appelait Bois-de-Vincennes la résidence royale de ce lieu. C'est ainsi qu'on a pris
depuis pour enseigne *Au Louvre*. Il n'y aurait encore
rien d'impossible à ce que cette maison dépendît de
la collégiale du Bois-de-Vincennes, qui possédait dès
le xive siècle de grands biens dans les environs, notamment à Virey-sous Bar.

Rue Neuve-des-Ursules. — Rue des Barreaux

La présence des Ursulines, à Troyes, date de 1628.
Elles furent reçues d'abord dans la maison du Bon-
Laboureur. En 1629, elles achetèrent l'hôtel du
Dauphin, en la rue de ce nom. Il était fort consi-
dérable. Ses écuries s'étendaient jusqu'à la rue du
Cheval-Rouge. En 1708, leur local s'accrut du logis
des *Trois-Maures*, appartenant à l'abbaye de Moies.
Elles se trouvèrent alors occuper la presque totalité
de l'île formée par les rues du Cheval-Rouge, des
Pigeons, des Barreaux et de la Brouette.

En 1780, elles allèrent occuper l'ancienne maison
des Antonins, à Saint Martin. — Leur monastère,
avec ses vastes jardins, furent alors vendus à divers
particuliers, et forma l'emplacement de la rue Neuve-
des-Ursulines qui s'appelait, en 1787, rue Barral, du
nom de l'évêque de Troyes, sous les auspices duquel
se firent ces arrangements.

L'entrée principale du couvent était à l'entrée
orientale de la nouvelle rue. Une autre s'ouvrait rue
des Barreaux. Cette dernière existe encore, ainsi
qu'une partie des lieux réguliers où M. Finot avait
établi une pension. Il en a fait exécuter pour lui et
ses amis une très-jolie lithographie.

Rues de Vauluisant et de la Brouette.

Ces deux rues ont été souvent réunies sous la même dénomination, tirée du voisinage de l'ancien et élégant hôtel de ce nom, que les arts ont plus d'une fois reproduit.

Du xiie au xve siècle, il dépendait de l'abbaye de Vauluisant au diocèse de Sens. En 1481, il sortit de ses mains, et eut successivement un grand nombre de propriétaires parmi lesquels on distingue les Hennequin, les Molé, les Dorigny, les Mesgrigny qui l'ont possédé à deux reprises, et dont à ces époques il avait pris le nom.

Dans l'acte de vente de 1481, on énonce qu'il tient a l'hôtel de *la Broncette* (lisez Brouette) du côté de la rue aux Pois (16).

Il était d'usage, au moyen-âge, que les monastères fondés aux champs possédassent dans les villes du voisinage, et notamment dans celles où ils avaient des possessions, une vaste maison servant de refuge dans les temps de guerre.

Ce manoir servait aussi pour percevoir les cens et prestations, recevoir les hommages, rendre la justice. Le père prieur venait s'y installer pour suivre les procès de sa maison, qui étaient fréquents. Enfin, les frères visiteurs et les délégués du pape, pour les maisons non sujettes à l'ordinaire, y trouvaient un gîte convenable.

Vauluisant avait à Sens et à Provins de pareils hospices, et peut-être ailleurs. Dans les derniers siècles, on louait ces maisons à des particuliers en réservant les parties nécessaires aux besoins du couvent.

Rue des Pois.

Cette rue s'est appelée quelquefois rue de la
Cloche, apparemment à une époque où la cloche
du marché y était placée. — Elle servait de marché
aux pois avant 1400.

Rue des Croisettes.

Les croisettes sont, en termes de blason, de petites croix dont un écu est semé. De pareilles croisettes servaient d'enseigne à une maison dont il est
souvent question. Par exemple, pour indiquer le bas
du Marché-au-Blé, on disait : *Le bout de Saint-Bernard
pour aller à la Croisette.* Elle formait l'angle du marché et de la rue des Croisettes. On retrouve cette
enseigne dans beaucoup d'anciennes villes.

La maison de pierre n° 6, remarquable par sa tour
élevée à parapets ouvragés, passait (17) pour avoir
servi, en 1420, à Charles VI et à la reine Isabeau.
Ce qui est certain, c'est que, d'*ancienneté* (on s'expri-
mait ainsi en 1553), il se nommait l'*Hôtel-de-la-
Couronne.* Cette année-là il fut réédifié. Une ruelle
dite de l'*Hôtel-de-la-Couronne* s'ouvrait jadis entre
les cinquième et sixième maisons de la rue des Croisettes, et avait son issue à la sixième maison en mon-
tant le Marché-à-Blé (18).

Place de la Banque.

Ainsi nommée de la succursale de la Banque de
France qu'on y a établie depuis peu d'années. Elle a
servi, dans l'origine, de marché à la paille, pourquoi
on l'appelait alors la *Feuerie* (1360). Elle servait

aussi de marché au fer, ferronnerie, et à la lingerie. En dernier lieu, elle devint l'Etape-au-Vin. Elle avait déjà cette destination en 1418, époque à laquelle une ordonnance royale la débarrassa de certaines logettes qui l'obstruaient.

Le mot étape vient de l'allemand *stapelen*, qui signifie foire ou marché.

On appelait de là estapage le droit perçu sur les vins.

En 1709, on y vendait encore le vin. J'ignore quand cet usage a cessé.

Au milieu de la place, à côté du puits, s'élevait un pilori.

Au coin septentrional de la rue du Petit-Credo était l'hôtel de Venise, occupé par les marchands de cette ville fréquentant les foires.

Plus tard, on en fit le cellier ou la halle aux aulx, qui donna son nom à une petite ruelle voisine, aujourd'hui innommée. La culture des aulx, aujourd'hui presque abandonnée, se cultivait alors en grand dans la banlieue de Troyes, et fournissait des exportations considérables.

Cette place, aujourd'hui, sert de marché à la volaille.

Rue d'Orléans.

Avant 1851, sa partie occidentale se nommait rue de la Chaussetterie, et sa partie orientale, rue Neuve-d'Orléans. — On trouvera ces sortes de divisions précisées dans le plan ci-joint, auquel nous renvoyons une fois pour toutes. On les trouvera aussi dans l'Annuaire de l'an ix, où le nombre et le numéro des maisons est énoncé pour chaque rue.

Si nous la considérons dans son ensemble, nous voyons qu'en cet état elle s'appela successivement rue de la Savaterie, rue de la Draperie, rue de la Ganterie, rue de la Chaussetterie.

Les savetiers formaient très-anciennement un corps d'état distinct. Depuis ils furent réunis aux cordonniers, mais à la condition très-rigoureusement surveillée d'infériorité dans leurs attributs. Aucune chaussure entièrement neuve ne pouvait être livrée par eux. Elles devaient conserver le vieux cuir dans une certaine proportion. A Troyes, cette proportion était d'au moins un tiers.

Dès 1223, la draperie occupait cette rue. La communauté des drapiers était une des plus anciennes et des plus nombreuses. Nous la retrouverons dans d'autres quartiers. Elle avait le privilège de se gouverner elle-même. On lit dans ses statuts de mai 1360 (19), ces mots remarquables :

« Bien qu'il n'y ait a Troyes ni corps ni commune, » elle est ville de loi sur le fait de la draperie. »

Ces deux industries ont eu, à d'autres époques, leur siège rue Notre-Dame.

Les suppôts de la ganterie étaient aussi fort nombreux au moyen-âge. Leur privilège admettait l'emploi de toutes les matières. Ils employaient surtout les peaux de veau, de mouton, de cerf, de vair et de gris.

Les chauciers ou chaussetiers formaient d'abord un corps distinct des tailleurs. Ceux-ci taillaient les robes pour hommes et pour femmes. Ceux-là confectionnaient la partie de l'habillement qui enveloppait seulement la partie inférieure du corps, et qu'on appelait les chausses.

Elles étaient d'abord d'une seule pièce, disposition fort incommode; plus tard, elles se divisèrent. La partie supérieure devint le haut-de-chausse, notre culotte moderne, et la partie inférieure les bas-de-chausse, que par abréviation nous appelons simplement les bas. L'époque en est indiquée dans un passage des mémoires de Vieilleville, sous Henri II, où, parlant des soldats qui voulaient traverser un fossé au siège de Danvillers, il dit : « Que les sol-
» dats se coupaient les chausses jusqu'au genou ; car
» en ce tems là les gens de toute qualité portaient
» des chausses entières, le haut tenant au bas, et
» ne portait-on de grecques qui ne sont venues
» en usage qu'avec les bas de soie ras de Milan et
» d'Estame. »

Si maintenant nous considérons séparément les deux segments de cette rue dans les temps modernes, nous verrons celle au couchant appelée par le peuple rue des Chaudronniers, parce qu'elle était presque entièrement affectée, comme elle l'est encore, aux industriels des professions analogues.

Nous retrouvons là une trace d'un usage très-familier au moyen âge, aussi favorable aux acheteurs qu'aux vendeurs, et qui avait pour effet d'isoler les métiers bruyants, encombrants ou dégoûtants

Laissons parler Julien de Balleure, traçant le tableau de Châlons-sur-Saône au XIVe siècle :

« La police y était si bien observée, qu'on eût
» dit que *chacun y était logé par fouriers,* selon la
» différence des professions. Les rues étaient distin-
» guées par métiers. On y voyait la rue des Clou-
» tiers, des Chaudronniers, des Tonneliers, des Rô-
» tisseurs, des Prêtres et des Nobles. Le reste était

» pour les bourgeois, les marchands et autres qui
» travaillaient sans ennuyer du bruit de leur voisi-
» nage. »

On sait qu'il en était de même à Paris et dans
beaucoup d'autres villes.

Quant au nom d'Orléans, donné à la partie orientale, nous ignorons d'où il vient. On y trouvait le
logis du *Chef-de-Saint-Paul* et celui de la *Rose-
Blanche.*

En 1495, dans les dernières maisons vers Saint-
Jean, se trouvaient les ateliers de Henrion-Cotteret,
fondeur célèbre qui, avec un autre troyen, Jacques
Bichot, tailleur d'images, avait coulé en bronze les
mausolées des princes de Joinville dans l'église de
ce nom, et plusieurs lutrins admirables pour des
cathédrales.

Rue Urbain IV.

Ce parcours, avant de prendre le nom de notre
illustre compatriote, composait trois rues, courant
de l'ouest a l'est, à savoir : la petite rue Pipejai,
celle de la Bourserie et la rue Moyenne. Nous allons
en parler dans le même ordre.

Pipejai, ou, plus exactement, Papegai, signifie
perroquet en vieux langage. Il existait à Troyes plusieurs enseignes de ce nom. On nommait ainsi l'oi-
seau qui servait de but aux exercices des arbalétiers
et arquebusiers.

C'est à tort que le plan de 1769 met cette petite
rue à la suite de l'ancienne Harengerie. J'ai pu voir
encore l'écriteau primitif.

Les boursiers ou tassetiers, dont l'industrie était
attachée à ce quartier, étaient fort nombreux. Nous

n'invoquerons pas en faveur de leur supériorité le
dicton du moyen-âge : *Bourses de Troyes.* Nous
croyons qu'il s'entendait des richesses et du solide
crédit de nos marchands. Les bourses étaient alors
une partie essentielle du vêtement, soit qu'elles
fussent appendues ou cousues à la ceinture. Cet
usage remonte à une haute antiquité. La fouille des
cimetières mérovingiens nous fait découvrir les débris de la bourse à côté du couteau, de la clef et des
armes (20). Les anciens statuts de notre Hôtel-Dieu
disent que les sœurs doivent porter *zonas cum bursâ,
custello et aculeario.* — Nos anciens, dit Antoine
Pasquier (21), « estimaient qu'en la ceinture gisait
» la remembrance générale de tous nos biens ; c'est
» pourquoi ils y attachaient leurs clefs, leurs cou-
» teaux, leurs bourses ou gibecières, leurs épées ou
» écritoires. » — Les bourses, ainsi que leur nom
l'indique, étaient habituellement faites en peau, soit
chevreau, soit lièvre ou autres. Parfois aussi la gibe-
cière du chevalier ou l'aumônière de la châtelaine,
tissées en fil d'or et de soie de diverses couleurs,
étaient de véritables objets d'art. On a conservé
celles de nos Comtes.

La rue Moyenne (*vicus medius* 1260) se nomma
ainsi, parce qu'elle partage la ville à peu près en
deux parties égales.

A la hauteur de l'église Saint-Jean, dite Saint-
Jean-au-Marché, était ce qu'on appelait la mercerie
de Troyes. C'était bien en effet la marchandise par
excellence, car elle comprenait les articles les plus
nombreux et les plus disparates. Le dit du mercier,
en vers, qui en donne le détail, remplit sept pages. La
quincaillerie, la parfumerie, des fruits et des épices,

tout s'y trouve (22). Troyes avait aussi son roi des merciers, qu'on appellerait aujourd'hui, prosaïquement, un syndic. C'était, vers 1550, un sieur Cotard.

Entre les numéros 51 et 53, se trouve l'emplacement de nos anciennes boucheries, dont on peut voir le dessin dans l'Album de l'Aube.

Elles formaient quatre halles à pignons s'unissant par les côtés, et renfermant des étails qui appartenaient à divers particuliers et communautés. Trois de ces halles servaient dans l'origine aux cordouaniers, vachiers et basaniers. La communauté des bouchers était l'une des plus nombreuses et des plus riches de la cité. Comme à Rome, comme à Paris, cette profession était inféodée à un certain nombre de familles où elle s'exerçait de père en fils. Si l'on compare les noms des quatre-vingts maîtres existant en 1772 (23) avec les quarante qui représentent aujourd'hui la boucherie de Troyes, on en trouvera une dernière preuve.

La rue Urbain IV laisse à gauche l'ancienne collégiale de Saint-Urbain, bâtie au XIIIe siècle sur l'emplacement de la maison paternelle du pontife. Elle offre un exemple remarquable de l'architecture de cette époque, et figure parmi les monuments historiques de France.

Elle a servi à la tenue de l'assemblée populaire en l'an II.

Les opinions de la réforme ont eu de bonne heure des sectateurs dans la rue Moyenne, qui, pour cette raison, était surnommée *la Petite-Genève*.

Parmi les enseignes des maisons de cette rue, nous noterons :

La Toison-d'Or, le Palais, le Rat-Botté, les Trois-Pigeons, l'Aventure, l'Image-Saint-Honoré, les Lacs-d'Amour, le Roi-David, l'Image Sainte-Barbe, le Renard-Bardé, le Sagittaire, la Samaritaine, la Harpe, le Bout-du-Monde, l'Image-Sainte-Mathie, le Signe-de-la-Croix, le Joli-Mai.

La partie de cette rue faisant face à l'abbaye Notre-Dame était appelée rue du Cimetière-Notre-Dame dans quelques titres. On y trouvait (nº 16) l'hôtel du Chaudron, faisant passage d'une rue à l'autre. Au coin oriental de l'hôtel s'élevait, en 1500, une potence, limite de la justice de Saint-Urbain.

Rue du Petit-Credo.

Cette rue s'appelait, dans les temps les plus reculés, rue de la Loge, rue au-devant de la loge.

Cette loge était l'auditoire où le prévôt tenait ses plaids. Elle occupait la partie nord de notre rue, s'appuyant sur l'Etape-au-Vin. Elle a servi, à certaines époques, aux assemblées de ville.

Les premiers prévôts de Troyes, dont nous ayions les noms, sont de 1175; mais l'institution remonte bien plus haut, car ils ont hérité avec les baillis des fonctions judiciaires des vicomtes.

Le prévôt était un personnage considérable qui a droit de se plaindre d'avoir été tenu dans l'ombre par nos historiens ; si aux baillis étaient attribués un plus grand ressort, de plus grandes causes, celles concernant la noblesse, les cas féodaux, le domaine, l'état des personnes, le prévôt était, lui, le magistrat du peuple, le juge de toutes les heures et de toutes les matières civiles, criminelles, commerciales. Il

méritait que les ordonnances de nos rois l'appe-
lassent *justiciarius noster.* Il était aussi dans l'origine
le premier fonctionnaire financier dans la province,
administrant et percevant les revenus du prince, ou
s'en rendant le fermier. Dans les grandes occasions,
entrées des rois, réjouissances publiques, le prévôt
est toujours nommé à part dans les premiers rangs.
On le représente à cheval, coiffé d'un capuce, vêtu
d'une longue robe violette, son écritoire à la ceinture (24). La marque de sa juridiction, le pilori, dit
grand pilori ou pilori de Troyes, pour le distinguer
des justices seigneuriales, s'élevait non loin de là,
en face de la rue de la Limace, en place des maisons
116 à 122 de la rue Notre-Dame.

Les bâtiments de la loge furent compris dans le
grand incendie de 1524. Il paraît qu'on les rétablit
d'abord au même lieu où ils sont mentionnés en
1536; mais dès 1550, le prétoire était transporté
rue du Chaperon, où nous le retrouverons, et la
rue dont nous parlons s'appelait rue de la Vieille-
Loge, rue *où soûlait être la vieille loge.* Depuis, elle a
porté les noms du Grand-Credo ou du Petit-Credo.
De 1670 à 1707, nous avons vu les deux noms em-
ployés concurremment. L'étymologie de ce dernier
nom nous a présenté de grandes difficultés. Au
xive siècle, une famille de Lombards, qui avait
quelques relations d'affaires avec Troyes (25), portait le nom de Credo. Nous nous demandâmes si
quelque membre de cette famille n'aurait pas eu là
sa demeure au voisinage des Changes. Mais depuis
que nous savons que Reims avait aussi son Grand-
Credo dans l'emplacement de la place Royale actuelle, nous inclinons à y voir l'affectation d'un

quartier à quelque service public qui est resté jusqu'à ce jour lettre close pour nous.

Rue et Place de la Haranderie.

La place dont il s'agit était, dès 1208, la place de
la Charbonnerie ; elle comprenait l'emplacement sur
lequel ont été bâtis depuis les deux côtés de la rue
du Petit-Credo, et communiquait librement avec la
rue Notre-Dame. Elle était en entier couverte d'é-
tails sur lesquels se vendaient diverses denrées : les
tripes, les poissons salés, mais, pour la plus grande
partie, le pain. Elle enveloppait à l'est la loge du
prévôt, qui y percevait certains droits.

Nos comtes, qui avaient droit de fours banaux,
percevaient aussi sur ces étals un tonlieu de vente.
Ils en avaient aussi fait de nombreuses conces-
sions, à titres onéreux ou gratuits, aux églises et
communautés. Saint-Etienne, depuis 1173, possédait soixante-deux de ces étails.

On lit dans les revenus du comté de Champagne,
vers 1300 :

Duo stalla ante logiam propositi ad vendendos panes ;
et plus loin :

*In platea de la Charbonnerie ponuntur multa Banca
ad vendendos panes de quibus præpositi clericus duo
denaria per hebdomada deprehendit.*

Vers la fin du xvie siècle, quand les changeurs
perdirent leur importance, la halle aux boulangers
fut transportée vers la place des Changes (voyez le
Marché au-Pain), et le nom de la Harenderie, ou
Harangerie, servit à son tour à désigner cette place,
où la vente du poisson salé prit le premier rang. La

plupart des anciennes villes de France, à commencer par Paris, ont eu leur harengerie.

La rue de la Harengerie, proprement dite, portait autrefois le nom de Ruelle-qui-mène-à-la-Charbonnerie.

Rue des Changes.

Cette rue, avant 1851, et dès 1223, portait le nom de la Coefferie, où les *Coiffières* vendaient leurs produits.

La Coefferie s'entendait de ce qui enveloppait étroitement la tête : il y en avait en fer et en acier pour les gens de guerre, à l'épreuve des armes ; d'autres en lin, en soie, en laine pour les femmes et les clercs.

On y trouvait l'hôtel des Tournelles, incendié en 1524.

La partie supérieure a été désignée, au XVIᵉ siècle, par le nom de Pierre-l'Épinglier.

Cette industrie était alors des plus prospères : en 1609, elle comptait encore cent cinquante fabricants ; depuis, elle a été réunie aux orfèvres.

Le nouveau nom fait allusion au voisinage des Changes, dont nous parlerons à l'article suivant.

Place du Marché-au-Pain.

Cette place, au moyen-âge, était la place des Changes, *Vicus excambiarum in foro trecensi.*

Alors que les foires de Troyes amenaient dans ses murs plusieurs fois l'an un immense concours d'étrangers, ces bureaux de change, tenus habituellement par les Juifs et les Lombards, étaient d'une absolue nécessité.

Comment des marchands appartenant à des pays si divers, se servant d'autant de monnaies différentes, dont l'arbitrage constituait une science difficile, eussent-ils pu s'entendre sur leurs règlements, sans ces habiles intermédiaires? Car on n'admettait, dans les transactions de la foire, que la monnaie des comtes, ou la *monnaie publique*, c'est-à-dire celle du Roi.

L'habileté des changeurs était si bien établie, qu'en 1372, le prévôt de Paris, ayant voulu déduire de la mercuriale le tarif du pain, ne put en venir à bout avec ses agents. Il fallut recourir aux changeurs, qui firent rapidement les calculs dont le résultat fut accepté par tous.

La place dont il s'agit était donc occupée par les ouvroirs, bancs, étails, ou tables des changeurs, recouverts d'un tapis et munis de balances.

Les droits que payaient ces changeurs étaient l'un des revenus les plus considérables de nos comtes, qui en abandonnaient certaines parties dans leurs libéralités.

On lit dans le compte de Saint-Etienne, pour 1410 : « Aux Changes de Troyes, chaque chan- » geor qui vendent dessous la couverture doit par » chaque étal ou table 2 sols 6 deniers les jours » qu'ils vendent. » Nous avons vu qu'après la disparition des changeurs, qui ne survécurent pas à la décadence des foires, le marché au pain y fut transféré. Les statuts des boulangers, de 1677, les obligent à étaler sur la place des Changes. En 1680, une partie des jardiniers fut aussi admise sur le Marché-des-Changes, et la ruelle par laquelle cette place communique avec la rue Notre-Dame, conservait encore ces années dernières une ancienne inscription où se lisait : *Marché-aux-Herbes.*

Le plan de 1697 avait conservé l'ancien nom des Changes. De plus modernes ont énoncé le *Marché-au-Pain.* Mais de nouvelles habitudes se sont formées. A peine si quelques rares étalagistes y vendent du pain en témoignage du passé. La poissonnerie y règne de nos jours en souveraine.

Rue de la Poissonnerie

Il aurait été plus exact, et en tous cas plus commode dans l'usage, de réserver le nom de rues aux passages accessibles aux voitures, et de désigner les autres comme simples ruelles. Celle-ci doit son nom au marché au poisson d'eau douce, qu'on a déplacé, avec grande raison, lors de la première invasion du choléra, car c'était un cloaque infect.

La poissonnerie y avait été installée au moins au XIII⁰ siècle, car, en 1410, il fallut la rétablir à neuf.

Rue des Quinze-Vingts.

Cette rue en renfermait trois avant 1851, qui couraient du midi au nord, sous les noms des Gris-d'Arcis, du Mortier-d'Or et des Quinze-Vingts.

Le nom des Gris-d'Arcis m'a très-longtemps arrêté. Un acte de 1550 m'a dévoilé une partie de l'énigme. On y mentionne en deux endroits la rue où l'on vend les gris d'Arcis, et dans un troisième passage, la rue où l'on vend les gris d'Arcis *sur la pierre.* C'était donc une marchandise. Mais laquelle ? Serait-ce les fourrures du Nord, nommées gris au moyen-âge, *griseum?* Serait-ce plutôt une étoffe de

3

couleur grise fabriquée à Arcis, qui ferait dire alors le gris d'Arcis, comme on dit le blanc de Troyes?

Cette dernière supposition était la vraie. Dans un procès-verbal conservé aux Archives de la ville, on lit que le marché de la draperie d'Arcis se tenait, vers 1540, au coin de la rue du Chaperon. Restait à se rendre compte de ce mode de vente *sur la pierre*. En voici l'explication : Par un usage qui remonte bien haut, car il y est fait allusion dans les *Bacchis* de Plaute et dans Cicéron, *in Pisonem*, le crieur des ventes à l'encan montait sur une pierre pour faire voir plus commodément aux acheteurs l'objet à enchérir. Nos anciennes coutumes attestent l'existence et la destination analogue de pareilles pierres, qu'on nommait *la pierre de la crie*. A Reims, par exemple, il y avait aux Changes la pierre pour les ventes publiques.

On y trouvait aussi le marché à la volaille.

La rue du Mortier-d'Or a partagé, dans l'origine, avec la rue du Chaperon, le nom de Saulnerie, Grande-Saulnerie, puis Vieille-Saulnerie.

La Saulnerie de Troyes était le marché où les saulniers vendaient le sel. Ce commerce fut libre pendant plusieurs siècles. Seulement les comtes percevaient un droit de vente fort élevé, dont ils dispensaient les individus ou les établissements qu'ils voulaient gratifier. Ce ne fut que vers 1365, pour la rançon du roi Jean, que le sel fut mis en régie. On appelait grenier à sel l'entrepôt public. Il se trouvait, en 1789, dans les bâtiments de l'Hôtel-de-Ville.

Cette rue devint ensuite la rue de Gérard-de-Nivelle, puis de Colas-Verdey (Charmont), dès 1333, du nom de deux notables habitants ; enfin, une enseigne a dû motiver sa dernière dénomination.

On y trouve au n° 15 l'ancien hôtel Marisy, remarquable par une charmante tourelle en encorbellement à l'angle des deux rues. Il fut construit, après le grand incendie de 1524, sur l'emplacement de plusieurs maisons dont François de Marisy se rendit acquéreur, de 1526 à 1532.

Il a fait mettre sur cette tourelle ses armes, celles de sa femme Michelle Molé, et celles de sa mère Isabeau de Lanprémont, qui sont de sable à deux portaux flanqués de tours d'argent au chef d'argent chargé d'un lion issant de gueule.

L'angle qui supporte la tourelle n'est pas dans l'alignement. Espérons que l'amour effréné de la ligne droite, auquel on a sacrifié tant de monuments que les injures du temps et des hommes avaient épargnés, épargnera celui ci.

Odard Colbert, souche des Colbert de Villacerf, logeait dans cette rue en 1629. Il était marguillier de Sainte-Madeleine.

La rue des Quinze-Vingts, proprement dite, a longtemps partagé avec la rue du Mortier-d'Or le nom de Colas-Verdey. Dès 1460, elle porta le nom des Quinze-Vingts, qui finit par prévaloir.

Elle le dut à une très-petite maison qui appartenait à l'hospice des aveugles de Paris, et qui, le 16 mai 1538, fut vendue à l'état de mâsure, moyennant 60^H, par le président Briconnet, directeur des Quinze-Vingts, à Christophe de Ménisson, receveur du domaine à Troyes, qui réunit alors dans son habitation les n° 1, 3 et 5 de la rue des Quinze-Vingts, 8 et 12 de la rue de la Madeleine.

L'héritage des Quinze-Vingts était à la hauteur de la porte cochère du n° 3, et n'occupait que la demi-profondeur de la cour.

On y trouvait l'hôtel de la Sybille.

Rue de la Monnaie.

La nouvelle rue de la Monnaie est composée de l'ancienne rue de ce nom, s'arrêtant à la rue des Croisettes et de la rue Champeaux.

La rue de la Monnaie se nommait au moyen-âge rue de Pontigny, parce que cette célèbre abbaye y avait une de ses succursales dont l'emplacement est occupé à présent par les maisons n°s 52 à 58.

Plus tard, vers 1450, la fabrication des monnaies, qui jusqu'alors avait été installée dans la cité (voir la rue du Flacon), fut transférée dans l'ancien hôtel de Pontigny, et donna le nouveau nom.

La monnaie de Troyes, qui eut successivement pour marque distinctive les lettres S et V, fut supprimée en 1772. On conserve à la bibliothèque publique un plan figuré des divers locaux de cet établissement. Le change du Roi y avait ses bureaux.

Pendant la Révolution, c'était la rue de l'Egalité. On trouvait dans cette rue :

1° Un des fours banaux des comtes, nommé le *Four-aux-Maaces*, et plus tard le four Saint-Bernard, parce qu'il était en face de cet hospice; une petite ruelle, dont il reste quelque vestige, porta les noms du Four et de la Monnaie;

2° L'hôtel de l'Election (au n° 26) acheté, vers 1630, de la famille de Pleurs, pour loger cette juridiction qui, à l'époque de la Révolution, tenait ses séances au Palais : il est remarquable par son élégante tour carrée, surmontée d'un épi très ouvragé que M. de Laquerière a reproduit.

L'hôtel a fourni à l'Album de l'Aube une de ses plus jolies pages;

3° Aux nos 60 et 62 réunis, l'hôtel des de Dinteville, famille illustrée par de grandes charges à la cour des ducs de Bourgogne et à la cour de France;

4° L'hôtel de la Croix-d'Or, habité par le sieur Riglet, seigneur de Montgueux, maire de Troyes;

5° L'hôtel de la Levrière au n° 22;

6° L'hôtel des Barons-du-Vouldy, gentilshommes de la chambre, où Louis XIV descendit en 1668 à son retour de la campagne de Franche Comté.

La rue du Chaperon tire son nom du fief du Chaperon, ressortissant nuement au Roi. Le fief se composait uniquement d'un bâtiment avec tourelle qu'a remplacé le premier corps-de-logis sur la rue du n° 8. Ce numéro, auquel le n° 10 était réuni, était occupé au moyen-âge par les halles de Rouen, où les marchands de cette ville s'installaient durant les foires, et par le jeu de paume du Chaperon. Au xviie siécle, cette habitation, devenue maison bourgeoise, fut occupée par plusieurs familles considérables de cette province, entre autres par la famille Lenoble, appartenant à la haute magistrature. C'est là que naquit, vers 1640, le fameux Eustache Lenoble, connu par sa carrière aventureuse et par des ouvrages littéraires plus nombreux qu'estimés. Une de ses moins mauvaises pièces est son *Allée de la Seringue*, dont le sujet burlesque est l'abattage d'une allée de noyers sur la terre de Thennelières

La rue du Chaperon, en 1428, s'appelait rue de la

Vieille-Saulnerie, du marché au sel qui s'y était tenu anciennement.

Elle porta ensuite le nom du Tabellionage-Saint-Etienne. Les tabellions et les notaires eurent long-temps des fonctions séparées. Ces derniers rédi-geaient les actes, les autres les recevaient en dépôt et avaient seuls le droit d'en délivrer des expéditions et de les sceller. Chaque seigneur commissionnait ses officiers. Le Chapitre Saint-Etienne avait les siens.

A partir de 1530, notre rue prit le nom de l'Audi-toire C'était celui du prévôt dont le bâtiment est figuré au plan de 1679, au coin de la rue des Croi-settes, L'auditoire occupait tout le premier étage, le dessous formait la halle des drapiers drapant dès 1434, et s'ouvrait sur l'Etape-au-Vin.

On arrivait à l'Auditoire par un escalier extérieur, surmonté d'un pavillon à toit très-élevé.

A la suppression de la prévôté, en 1749, le tout fut vendu et remplacé par un grand hôtel en pierre dont la Banque occupe une partie.

En face de la maison n° 8, se trouvait le pilori du prévôt et une ruelle qui regagnait l'Etape-au-Vin.

Rue de Brunneval.

Ainsi nommée depuis 1851. C'était avant la rue de la Levrette.

M. de Brunneval, fondateur de notre école de dessin, avait d'autant plus droit à cette distinction qu'il était, par sa naissance, étranger à la ville de Troyes, et n'y tenait que par une charge de finance. Il possédait une remarquable galerie de tableaux dont plusieurs ornent le cabinet de nos amateurs.

La maison qu'il avait léguée est celle du n° 2.

Elle fut vendue par ses exécuteurs testamentaires comme il l'avait autorisé, et remplacée par celle de M. Bailly, notaire, de plein pied avec l'Hôtel-de-Ville,

En 1475, la rue dont nous nous occupons était désignée ainsi : *la rue par laquelle on va au Bourg-Neuf.* C'était plus tard *la rue devant la loge* (du prévôt), puis la rue de la Prévôté-de-Pont (26). Elle fut encore appelée rue du Bœuf-Couronné, d'un logis de ce nom, dont plusieurs titres font mention.

Enfin l'enseigne de la Levrette ou Levrière, dont nous avons parlé à l'article de la rue de la Monnaie, et qui formait l'angle des deux rues, lui avait valu sa dernière dénomination. Ceci n'est point pure conjecture. Nous avons remarqué que le logis dont l'enseigne servait à dénommer une rue était le plus souvent placé à son angle extrême. Comme cette enseigne tenait lieu de l'inscription moderne, il fallait la placer de même pour qu'elle frappât les yeux de l'étranger.

Rue du Palais-de-Justice.

Rue du Bourg-Neuf avant 1851.

Dès 1349, nous la trouvons mentionnée sous le nom de Boure Nuef; ce qui doit faire penser que c'est un des derniers accroissements de la cité. Dans l'intervalle, elle porta le nom des Carmélites et des Jacobins, qu'elle emprunta à des communautés religieuses qui occupèrent successivement le vaste emplacement où s'élève aujourd'hui le Palais de Justice.

Celui-ci était, en 1620, l'hôtel de Marie de Mesgrigny, épouse de M. Vignier, conseiller d'Etat. Elle y fit venir les carmélites, et leur bâtit une église consacrée en 1668. En 1766 les jacobins leur succédèrent jusqu'à la Révolution. Tous les bâtiments furent alors démolis. Des démolitions on bâtit une maison bourgeoise où logea en 1814 l'empereur de Russie, et qui fut, il y a une vingtaine d'années, appropriée à sa destination publique. L'église, au dire des connaisseurs, méritait grâce par son caractère d'une noble simplicité et sa décoration de bon goût. Elle ouvrait sur la chaussée.

Nous avons à signaler dans cette rue :

1°. Au n° 38, la maison consacrée pour avoir été la demeure du respectable et infortuné maire de Troyes, M. Claude Huez. Elle fut pillée de fond en comble à la suite de l'assassinat. C'est dans ce modeste asile, en compagnie de sa sœur, célibataire comme lui, qu'il partageait ses instants entre la culture des lettres, les travaux de sa double magistrature et la pratique des bonnes œuvres. Quand à l'assemblée des notables, il fut appelé sur un plus grand théâtre, il parut de suite à la hauteur de sa mission comme un homme qui depuis longtemps avait médité sur de sages améliorations (27).

Dès le 21 octobre 1789, un citoyen de Troyes annonçait, dans le Journal des Annonces de cette ville, qu'il venait de déposer 120 ᵗʰ chez le notaire Hervé, pour contribuer à honorer sa mémoire par un monument. Ce monument est encore à venir en 1857. En attendant mieux, nous aurions aimé à voir le nom de ce grand citoyen attaché à l'une de nos principales voies. Qui mérita mieux cet honneur, que le mérite et la vertu couronnés par le martyre?

2°. Entre les n°ˢ 26 et 28, l'impasse Jean-Simon, *aliàs* du Pavillon, autrefois une ruelle.

3°. Au n° 10, l'ancien hôtel de la famille de Vienne, qui avait sa chapelle à l'église des Jacobins. On voit encore dans la cour leurs armes sculptées sur la pierre avec cet hexamètre : *Et monumenta damus quâ simus origine nati.*

4°. Au n° 15, l'ancienne demeure d'une de nos plus anciennes familles de robe, aujourd'hui éteinte, celle des Le Virlois. Le propriétaire actuel a conservé à l'une des pièces de cette maison sa décoration du xvi° siècle

5°. Enfin, au n° 3, la maison paternelle du savant et spirituel Troyen, comme l'appelait Voltaire. S'il avait ajouté l'épithète de malin, il aurait peint en trois mots notre Grosley. Pour visiter cette petite maison, plus grande encore que ses désirs, il faut avoir sous les yeux les pages où il décrit avec tant de charmes les plaisirs naïfs de son enfance, les scènes intérieures d'une famille patriarchale, la vie facile et heureuse de la bourgeoisie dans ces temps-là.

Rue de la Corne-de-Cerf.

Elle a porté les noms du Petit-Bonhomme, de la cour Château-Thierry, de l'Epineau, d'Au-delà-des-Monts. Anciennement c'était la rue pour aller en *Braque.* (Voir l'article de la rue du Bois.)

Rue Grosley.

Ouverte en l'an iv, sur l'emplacement des Jacobins.

Rue du Bois.

Avant 1851, cette rue en formait deux, savoir : la Corterie et la rue du Bois proprement dite, qui furent réunies momentanément, en 1793, sous le nom de Grande-Rue-de-la-Liberté.

La Corterie était primitivement le quartier de Braque. La tradition s'en est conservée longtemps, et en 1789 on donnait encore ce nom à un ancien jeu de paume (n° 130) et au puits qui en est voisin.

En 1463, une charte du comte de Champagne y autorisa la tenue de deux foires aux chevaux. Dès-lors le champ de ces foires s'appela la Corterie-aux-Chevaux, et plus tard la Corterie. Ce nom rappelle une utile institution due à Aubriet, prévôt de Paris.

En juin 1375, *pour obvier aux fraudes et déceptions qui avaient lieu en matière de marchandises de chevaux,* il créa des places de couratiers près des marchés aux chevaux. C'étaient des experts assermentés et à cautionnement qui, moyennant une prime de 6 deniers pour livre, assistaient l'acquéreur qui les requérait et l'éclairaient sur les vices patents ou cachés de l'animal. De couratiers on fit cortiers, d'où dériva le verbe *correter,* que je n'ai trouvé dans aucun glossaire.

L'ordonnance de police de 1693 défend à tous marchands cortiers et autres de piquer, faire courir ni correter les chevaux au-delà de la Madeleine.

Cette rue et la rue du Bois étaient du petit nombre de rues où régnaient des *allours* ou *avant portes.* On appelait ainsi à Troyes des galeries couvertes. Elles étaient formées par la retraite du rez-de-chaussée des maisons dont l'étage supérieur en surplomb était supporté par des poteaux de bois plus ou moins ouvragés.

Elles portaient divers noms suivant les provinces; on les nommait porches à Caen, et voûtes ailleurs.

Cette disposition offrait plus d'un avantage. Elle

était conservatrice des bâtiments, elle facilitait la circulation des piétons qu'elle défendait du soleil, de la pluie et de la boue. Elles abritaient un certain nombre de marchés secondaires. Les allours ont disparu successivement sous prétexte d'embellissement. Au xvie siècle il ne restait déjà plus que celles qui donnent lieu a ces remarques, celles de la Belle-Croix, celles du bas du Marché-a-Blé, celles de la place Saint-Pierre et celles du cimetière Saint-Nizier. Il n'en restait plus que deux en 1855, n° 142-144 de la rue du Bois; elles viennent d'être démolies. Il y avait mieux a faire que de détruire ces promenoirs couverts, c'était de les conserver en les traitant avec l'élégance et le confort modernes.

On trouvait dans la Corterie l'hôtel de Saint-Roch et la cour des Canons, entre les n°s 164 et 166, qui rappelait notre ancienne artillerie. C'est au côté méridional de cette rue, à la hauteur du Palais de Justice, qu'a été trouvée la tête de Bacchus en pierre, que Montfaucon a reproduite. Le plâtre est au Musée, et l'original chez M. de Bûchères.

La rue du Bois s'appelait, en 1271, *vicus clausi trecensis, ante ecclesiam Magdalenæ.*

Plus tard, c'était le clos de la Madeleine, dénomination qui s'étendait quelquefois à la Corterie.

Ce nom persista longtemps même en concurrence avec celui de rue du Bois, qui remonte au commencement du xvie siècle, et qui tire son origine du marché des bois de charpente qui se tenait en cet endroit, et qui, en 1569, sur la plainte des habitants, fut transféré sur la place des Prisons par arrêt du Parlement.

Le nom de la rue du Bois est devenu célèbre par

la dissertation de notre Grosley, touchant un usage qui n'a pas entièrement cessé.

Au n° 104 est une élégante maison du xvıe siècle, avec tourelle. En 1550 on l'appelait dans ce quartier la maison de pierre, ce qui annonce qu'elles étaient rares à cette époque. Au xvııe siècle, c'était la tour de M. d'Autruy, nom d'une famille qui n'existe plus.

Nous avons établi ailleurs (28) les probabilités qui portaient à faire croire que la maison paternelle de Girardon était au n° 55, qui, au xvııe siècle, était divisé.

Le n° 53 appartenait, en 1665, à Eustache Quinot, dit *le Curieux*, dont les collections ont laissé des souvenirs. Le n° 51 était alors le jeu de paume de Beaujeu, ou de la Grande-Cour, à l'enseigne de la *Croix-Verte*. Entre les n°ˢ 58 et 60 se trouvait la cour des Fondeurs. Nous y avons noté les enseignes de l'*Écrevisse*, de la *Main-Chargée*, de la *Maison-Blanche*, des *Trois-Pies*, où se tenait le tapis franc de ce temps-là. A l'extrémité de la rue, non loin du puits de la Folie, la rivière s'avançait en formant un gué à chevaux, en formant deux quais. Celui à gauche était la rue de Comporté, celui à droite la rue du Bilboquet.

Rue Jaillant-Deschainets.

Avant de prendre, en 1851, le nom de cet excellent citoyen, c'était la rue des Filles

Au xııe siècle, elle fut connue sous le nom de rue de Provins.

Au xıve siècle, on appelait ce quartier la Rouérie, ou Rouairie de Troyes, c'est-à-dire le lieu où s'exerçait l'industrie du charronnage. Car Rohier, ou

Royer, était alors synonyme de charron. De là vient
le nom patronymique si commun de Royer. De là
vient aussi qu'avant la Révolution les charrons célé-
braient à Saint-Nicolas leur fête patronale.

Henri Ier, comte de Champagne, étant en Terre-
Sainte, vers 1178, fonda, à la suite d'un vœu, un
hôpital sous l'invocation de saint Abraham, pour y
recevoir les pélerins de Jérusalem. L'église, la maison et le cimetière furent placés à l'entrée, à droite
du faubourg Saint-Martin, parallèlement au mail de
la Madeleine tout entier. Le faubourg Saint-Martin
en prit le nom de *Vicus Abrahæ*.

Cet établissement fut ruiné par les guerres du
xive siècle. En 1338, il ne restait plus que le cimetière, qu'on voyait encore entouré de lices vers 1510.
Ce ne fut qu'en 1488 qu'il fut réédifié dans la rue de
la Rouairie, au n° 40.

En 1507, en vertu d'une bulle de Léon X, des
filles pénitentes y furent établies.

Depuis lors, la rue s'appela indistinctement rue
Saint-Abraham, rue des Filles-Pénitentes, rue des
Repenties, rue des Filles. Ce dernier nom prévalut.

Elle avait aussi porté pendant quelque temps, et
concurremment (1500), le nom de Porc-Epic, qui
était l'enseigne d'une hôtellerie considérable, qui prit
le nom d'hôtel des Trois-Filles au commencement
du xviie siècle. Ce dernier recevait les états-majors
des troupes de passage et les étrangers les plus considérables. La maison natale de M. Deschainets est
inscrite du n° 42.

QUARTIER DE CRONCELS.

Rue de Croncels

Cette rue a pris, dès l'origine, son nom du village, ou bourg de Croncels, qui se trouve dans sa direction, et dont il est fait mention dès 1157.

En 1199, la foire de la Saint-Jean, dite Foire-Chaude, s'y tenait.

En 1417, on la désignait sous le nom de rue de la Planche (ce qui, au moyen-âge, s'entendait d'un pont de bois), parce qu'avant l'ouverture du canal des Trévois, la Vienne avait son cours à l'extrémité de notre rue.

Cette année-là, l'hôpital du Saint-Esprit, qui avait péri dans les guerres avec les Anglais, sur son premier emplacement, entre les fossés de la ville et Saint-Gilles, y fut rétabli, et lui donna son nom.

Cet hôpital devint depuis l'Oratoire, que la nouvelle caserne a remplacé. L'église, démolie à la Révolution, donnait de plein pied sur la rue, et n'était séparée de l'hôtel du Croissant que par l'entrée du couvent.

Cet hôtel du Croissant, qui existe encore (n° 32), a donné aussi son nom à la rue au cours du xv° siècle.

Un titre de 1409 nous fait connaître que c'était alors l'hôtel d'Auberive, abbaye du diocèse de Langres, fille de Clairvaux, où pendait l'enseigne du Croissant.

Enfin, la rue de Croncels et le carrefour qui la termine ont porté longtemps, au moyen-âge, le nom de Clairvaux, parce que cette célèbre abbaye avait pour résidences à Troyes les deux vastes hôtels n°s 7 et 9.

Le n° 9 était le grand hôtel de Clairvaux ; il a passé depuis à la puissante famille des Largentier, qui y tenaient un grand état et occupaient de grands emplois. Deux jeux de paume dits *du Louvre*, sur la rue du Gros-Raisin, en déperdaient. Louis XIII y logea en 1629, et l'empereur d'Autriche en 1814.

Le n° 7 s'appelait le Logis-du-Château. On y payait les censives. Les Bernardins, en l'aliénant, avaient imposé aux nouveaux propriétaires la condition d'y loger et nourrir l'abbé ou son cellérier, de leur fournir une chapelle et des ornements. En face du Saint-Esprit était l'hôtel du *Porte-Enseigne*, qui est dit (en 1362) tenir à la Vienne. L'abbaye de Chantemerle avait son logis non loin de là à l'enseigne du *Pou-Volant*. Le quartier de Croncels, au xve siècle, était particulièrement affecté aux tisserands de draps. Ils avaient leur confrérie à Saint-Gilles.

Depuis l'introduction de la Seine par la vanne de Croncels, on avait établi des moulins à tan en arrière du rempart. Ils existaient en 1510, et s'appelaient les Moulins-Neufs.

Rue des Mal-Parlants.

Cette rue, qui montait au rempart derrière les bâtiments de l'Oratoire, est encore figurée dans le plan de 1827. On l'appelait aussi rue des Mauvaises-Paroles. On ignore l'origine de ces noms.

Rue du Cheval-Rouge.

Elle s'appela d'abord rue de la Caige ou de la Cage, emprunté à un logis de ce nom où se tenait un jeu de paume. Ce nom fit place à la dénomination actuelle tirée d'une autre hôtellerie Comme je lis dans les titres que cet hôtel du Cheval-Rouge tient tantôt à la rue du Dauphin (1550), tantôt à celle du Cheval-Rouge (1741), j'ai conclu qu'il occupait l'angle des deux rues, comme faisaient d'ordinaire les maisons servant à désigner les rues. On y trouvait la maison des noces En face du puits du même nom, on y trouve la cour Beaupoil.

Rue de Bourbereau.

Cette rue part du Bois-de-Vincennes. Elle se rendait, en faisant un coude, sur le rempart derrière la Tour-Boileau. Le nom de Bourberault doit s'entendre de cette région tout entière. Nous avons vu que la rue de la Pierre s'y trouvait comprise.

Dans un titre de la Léproserie de 1250, on lit Borberaut.

En 1480, Bourbourault.

En 1461, un titre la nomme rue du Bourdeau, version significative et qui la désigne suffisamment comme l'un des *lupanar* de l'ancienne cité.

En 1527, quelques titres portent rue de Mouilleçon et Mouilleron.

En 1537, le Chapitre Saint-Etienne donne à loyer une maison rue Micon, tenant à l'hôtel du Saint-Esprit et aux remparts.

On l'a encore appelée rue du Puits-Buisson.

Rue de l'Eau-Bénite.

S'est longtemps appelée rue des Planches ou du Pont-des-Planches, traversée qu'elle était par la rivière de Vienne, à laquelle a succédé un bras de Seine.

Sa partie supérieure et le puits qui s'y trouvait portaient aussi, au XVIe siècle, le nom de Mouilleron et Mouilleçon. J'ignore d'où vient son nom moderne. Il est loin d'être en rapport avec les mœurs décriées de son ancienne population.

On y trouvait le jeu de paume d'Anvers. Nous avons déjà rencontré et nous rencontrerons encore grand nombre de ces jeux de paume ou tripots. Les particuliers riches en avaient aussi pour leur usage. Il y en avait un à l'évêché, un autre aux bains publics. C'était un exercice cher à nos pères ; il développait les grâces et la force du corps. Leur gaieté rabelaisienne s'y formulait en saillies et en contes que n'ont pas négligé de recueillir nos anciens auteurs. Dans les derniers temps, les abus survinrent. On en fit souvent des lieux de désordre et de débauche. L'autorité s'en émut ; le 24 juillet 1543, on alla jusqu'à faire défense d'établir de nouveaux jeux de paume. Le mot de tripot n'a plus été employé depuis lors qu'en mauvaise part. On encouragea par contre, autant que possible, les jeux de l'arbalète et de l'arquebuse par des privilèges et des faveurs toutes spéciales.

Rue du Dauphin.

En 1254 et antérieurement, c'était la rue Saint-Pantaléon. On la confondait souvent, à la même époque, avec la rue de Croncels, dont elle était la continuation. Au xvᵉ siècle, le logis de la Petite-Croisette lui avait donné son nom. Enfin, dès 1526, elle portait le nom de l'Hôtellerie-du-Dauphin, l'une des plus considérables de la ville. Ce nom, mal sonnant pour les oreilles républicaines, fut changé momentanément, en 1793, pour celui de l'Union. L'hôtel du Dauphin se trouvait où commence aujourd'hui la rue des Ursulines, qui l'achetèrent en 1628, ainsi que l'hôtel des Maures qui était pioche.

Au coin droit de la rue, vers le Marché-aux-Oignons, était, en 1550, l'hôtel de Cl. Molé, maire, *où il tenait la draperie.*

En face, le *Panier-Verd,* à côté des Quatre-Vents; plus bas, les logis de *Saint-Julien,* de la *Forge,* de l'*Arbalète-Couronnée,* occupés par des drapiers drapants.

La ruelle au midi de l'église s'appelle le Marché-aux-Noix, anciennement ruelle du Noyer.

Celle au nord, dite de la Synagogue, a dû prendre ce nom du voisinage d'un temple des Juifs, qui étaient au moyen-âge très-nombreux à Troyes, et qui, en dernier lieu, avaient été cantonnés dans la Cité où nous les retrouverons. Un mandement royal, de l'an 1320, établit qu'il y avait à cette époque plusieurs synagogues à Troyes (1).

Rue de la Trinité.

Au xiiiᵉ siècle, elle se nommait rue de Pont ou de la Prévôté-de-Pont. Cette dernière dénomination a été portée plus tard par la rue de la Levrette; en 1414, c'était la rue des Pains-à-Broyer. Il y avait la maison aux pains. En l'absence de toute indication, on peut y voir des objets propres à la teinture.

Dans le XVIᵉ siècle, elle a été connue indifféremment sous les noms suivants :

1°. Rue du Porcelet (petit porc). C'était l'enseigne d'une hôtellerie près le puits.

2°. Rue du Cerf. L'enseigne du *Cerf-Volant* spécifiait un grand hôtel qui, dans le XVᵉ siècle, etait occupé par le bureau des Lombards. Ceux-ci avaient obtenu, en 1392, de s'établir à Troyes, à cause du grand négoce qu'on y faisait. Ils succédèrent aux Juifs, qui furent chassés de France vers cette époque.

3°. Rue de la Trinité.

Ce nom, qui a prévalu, remonte à la donation faite, vers 1560, par Jean de Mauroy, de son hôtel de l'*Aigle*, pour y fonder un hospice où douze jeunes enfants seraient élevés. Cet hôtel, dit de *la Trinité*, après avoir reçu des destinations diverses, a été vendu récemment par l'administration des hospices (n° 7, et 9 actuel).

La maison qui fait l'angle, au couchant de la rue de l'Epicerie, était jadis l'hôtel de la Galère, appartenant à Montier-la-Celle. C'était là que cette célèbre abbaye recevait ses revenus, cens et hommages, lods et ventes, exerçait sa juridiction. On nommait cet hôtel les *Grandes-Maisons-de-Montier-la-Celle*, la maison des grandes tables. Ces tables consistaient dans des bancs extérieurs, appuyés contre les murs, qui constituaient le siège du garde-justice de l'abbaye (2); ils existent encore aujourd'hui. L'angle en face s'appelait la tour Drouot, et plus tard la tour Taffignon, deux anciennes familles qui n'existent plus.

Rue des Greniers.

Aliàs des Grains ou des Greniers de Montier-la-Celle.

Il est probable que, dans l'origine, la propriété de l'abbaye atteignait cette rue, et que les greniers ou granges des dîmes étaient placés à cet aspect. Elle est aussi désignée dans quelques titres sous les noms de ruelle Noire, ruelle des Lombards, ruelle du Roule. Les Lombards avaient, comme on l'a vu, leurs comptoirs dans la rue précédente.

Rue des Allemands.

Les Allemands, qui, à l'instar de presque toutes les nations de l'Europe, fréquentaient les foires de Champagne, avaient leur hôtellerie sur l'emplacement occupé en partie par cette rue. On voit figurer, dans les revenus des Comtes, des droits perçus sur la *Maison aux Allemands où les toiles se vendent*. Les dépendances étaient considérables, notamment les *étables*. A ces époques reculées, les marchands ne voyageaient qu'avec leurs seules ressources, à petites journées et en caravane, comme il se pratique encore dans l'Orient.

Des compagnies privilégiées tenaient en fief le droit de les escorter, appelé *conductus nundinarum* dans les comptes des prévôts (3). Il y avait à se défendre non-seulement des brigands, mais des incursions des seigneurs, qui ne se contentaient pas de percevoir un droit de passe exorbitant qu'ils nommaient *peditura*, mais qui souvent arrêtaient les marchands et confisquaient leurs biens (4). L'hôtel des

Allemands fut compris dans l'incendie de 1524. Une dame, qui rebâtit en cet endroit, abandonna généreusement à la ville une largeur de sept pieds, afin, dit-elle dans l'acte, de faciliter les secours aux incendies.

Le chanoine Tremet, dans un de ses recueils manuscrits, conjecture que l'île Germanique, donnée dans le vii⁰ siècle par Cloyis II, pour y établir Montier-la-Celle, a tiré son nom de ce que les marchands allemands, venant aux foires, y faisaient paître leurs bêtes de somme.

Si l'on se rappelle, d'après les panégyriques d'Eumènes, que Maximien, Constance Chlore et autres empereurs, après avoir vaincu les Barbares d'outre-Rhin, en ont tiré a plusieurs reprises des colonies entières, hommes, femmes et enfants, qu'ils internaient en Gaule pour repeupler et rendre à la culture des contrées en souffrance, et que parmi ces contrées on cite à plusieurs reprises les environs de Troyes, *Ager Tricassinus*, il semble qu'on soit mieux fondé à reconnaître ici un témoignage de ces anciennes immigrations.

Rue de la Limace.

En 1430, je la trouve désignée sous le nom de *rue devant le Pilori*. C'était le pilori du prévôt, depuis remplacé par des maisons.

A la même époque, il s'y trouvait le logis de la *Tête-Noire*, qui servit aussi à la désigner.

Une autre enseigne, *à l'Ecritoire*, donna une autre variante.

Elle porta aussi le nom de Papegay, ou Pipegay (perroquet), venant d'une origine semblable.

On pourrait croire qu'elle est redevable de son dernier nom à son aspect humide et tortueux. Il n'en est rien. Il y avait, dès 1536, un maître d'auberge qui n'avait pas craint de prendre ce dégoûtant emblême, et c'est celui qui a prévalu. Je crois que les habitants de cette rue l'auraient vu avec plaisir disparaître dans le remaniement de 1851.

Au moyen-âge, son extrémité au midi était occupée par les fripiers. Leurs statuts leur interdisait, sous des peines sévères, de vendre du neuf, comme aussi d'acheter aucune chose mouillée ou sanglante. Ils s'en allaient, comme de nos jours, crier par la ville; seulement, au lieu d'habits, vieux galons, ils criaient *à la cotte, à la chappe.*

Rue Notre-Dame.

Cette rue comprenait, avant 1851, les rues du Marché-aux-Oignons, de l'Epicerie, de la Fannerie et de Notre-Dame, proprement dite

Nos aieux fractionnaient les longues lignes pour circonscrire le champ de recherche des adresses dans un temps où l'on manquait du secours des numéros. Peut-être les étrangers trouveront-ils qu'on est allé trop loin dans la voie contraire.

La rue du Marché-aux-Oignons portait, en 1488, le nom de la Draperie et de la Savaterie. Un grand hôtel, dit de la Clef-d'Argent, lui donna aussi son nom en 1550, ainsi qu'au puits placé devant, dont le dessin a été gravé.

Le nom de la rue de l'Epicerie remonte aux anciens âges. On appelait ainsi la canelle, le gérofle, la muscade, le gingembre, le sucre, le poivre et autres produits du Levant que les marchands provenceaux et italiens allaient chercher aux lieux de production, et que les marchands du nord de l'Europe venaient acheter à Troyes comme lieu d'entrepôt. On appelait fines épices un certain mélange réglementé de ces articles, conserves et dragées de toutes sortes : il s'en faisait une énorme consommation. Aussi, l'épicerie était l'objet d'affaires immenses qui donnaient naissance à de grandes fortunes.

La découverte du cap de Bonne-Espérance donna au commerce un autre courant, d'autres habitudes, et fit baisser de beaucoup les objets de consommation. Le poivre, qui s'était vendu jusqu'a 2 marcs d'argent la livre (d'où le proverbe, cher comme poivre), ne valut plus que quelques sols.

Aussi lit-on dans un compte de Saint-Etienne, en parlant de la rue qui nous occupe :

Les places au dos des Changes où jadis soulait vendre épices Torent de Troussy, ses enfants et autres marchands du côté du pavement en allant au pilory.

On trouvait dans cette rue les logis de l'Etoile-d'Argent, du Chat-qui-Pêche, de Saint-Julien, des Fils-Aymon, de la Faulx-d'Argent, de l'Image Saint-Pierre et Saint-Paul, du Louis d'Or, du Teston-de-Lorraine. Les marchands d'Arras avaient leurs comptoirs dans une maison, en face des Changes, appartenant à Foicy. Ils payaient 25 sols de loyer par chaque foire.

Les marchands de Lucques avaient donné leur nom à une grande place remplacée aujourd'hui par l'île de maisons de pierre située en avant de la rue

du Coing-Coignier. Cette place formait un fief du
domaine royal.

Cette indication, jointe à une foule d'autres, éparse
dans les titres, établissent que jusqu'aux xe et xi^e
siècles ce quartier tout entier, dont Saint-Jean est
le centre, ne présentait guère qu'un champ libre où
se développaient les foires célèbres dont Sidoine
Appolinaire fait mention au cinquième siècle. C'était
là le marché de Troyes par excellence, le *forum
Trecence* signalé souvent dans les censiers. Ce champ
était divisé selon les diverses natures de marchandises, et occupé par des étails, *statta*, appartenant
soit aux Comtes, soit aux établissements religieux,
soit à des particuliers. Leurs redevances formaient
un des grands revenus des princes qui assignaient
sur telle ou telle foire les rentes dont ils gratifiaient
leurs vassaux.

On trouvait dans ce quartier la loge des plaids,
les changeurs, le poids public, la chapelle construite
aux frais des marchands (5).

Plus tard, par un abus qui est de tous les temps,
les censitaires de ces étails les convertirent en loges
ou logettes, *logia*, qui se composaient d'une bou-
tique fermée, avec galetas au-dessus, inamovible.
C'est en vain, disent les chroniques du temps, que le
véeur les faisait abattre. Elles se relevaient de nouveau (6); puis, à la faveur des circonstances, notamment de la désertion successive des foires, de ces
loges on fit des maisons.

Ces transformations graduées ressortent distinc-
tement dans un grand nombre de censiers. La rede-
vance, d'abord établie sur un étail, se perçoit au
siècle suivant sur une loge, puis enfin sur une mai-

son. Dans un compte du domaine du Roi, de 1579, on énonce que l'ancienne loge du prévôt formait alors quatre maisons, et le vieux pilori deux autres à la Charbonnerie, près les Changes, Quant à la chapelle, humble dans son commencement, elle est devenue une belle et riche église sous le nom de Saint-Jean-au-Marché.

Quand on se reporte à ces origines, on comprend la bizarrerie et l'enchevêtrement de certaines rues, et comment elles portent des noms qui n'ont plus de raison d'être dans l'état actuel des choses.

Avant de quitter cette rue, disons qu'il est permis de considérer le n° 132, autrefois a l enseigne du chef Saint-Jean, comme la maison paternelle du savant oratorien Charles Lecointe, notre concitoyen. En effet, d'après les titres de cette maison, son aieul, Claude Lecointe, apothicaire, habitait cette maison en 1584. En 1636, elle appartenait indivisément à son père Claude, deuxième du nom, et à ses deux sœurs, dont l'une mariée à un boucher, l'autre, veuve. Claude était marchand, et, selon toute vraisemblance, occupa la maison que, par son testament, Charles Lecointe légua à trois de ses neveux, après avoir, durant sa vie, acquis les parts de ses cohéritiers.

On ne comprend pas Grosley, qui veut trouver dans le nom de la Fannerie un nom propre (*Fanny*) rendant témoignage du séjour des Anglais à Troyes au xiv° siècle (7).

La Fanerie était tout simplement le marché au foin, et les faniers étaient ceux qui en faisaient trafic.

On disait rue au Fain en 1332, et la Fenerie en 1550.

On y trouvait l'hôtel du Sauvage. Nous y reviendrons à l'article de la rue Saint-Vincent-de-Paul.

Les halles des marchands d'Ypres étaient au-devant des Boucheries, entre cette dernière rue et celle de Jargondis (1212). Les halles de Douai occupaient l'espace compris entre le Temple et le Sauvage (1255). Dans l'usage, cette rue était souvent confondue avec la rue Notre-Dame, qui régulièrement ne commence qu'aux Boucheries.

La rue Notre-Dame a emprunté son nom à un couvent de Bénédictines (aujourd'hui la Préfecture) qui exerçaient sur cette rue et autres avoisinantes des droits de justice et des perceptions de cens.

C'était le quartier des imprimeurs et des libraires. Tout bibliophile, et à plus forte raison tout bibliophile troyen, doit s'arrêter avec intérêt en face de la maison qui fait l'angle au midi de la rue Notre-Dame. C'est là le berceau de notre imprimerie. Là étaient les presses de Lecoq, dont les belles productions sont en si grande estime auprès des amateurs qui les couvrent d'or dans les ventes publiques. Là demeurait Moreau, leur successeur.

Plus haut, du même côté, dès 1620 et auparavant, les premiers Oudot avaient acheté le logis du Chapon-d'Or-Couronné (à côté des Trois-Ecus, qui faisait l'angle au levant de la Petite-Tannerie), et avait rendu cette enseigne fameuse dans tout le monde lettré. Leurs magasins s'étendaient jusqu'au ru, et débordaient dans la Petite-Tannerie.

Dans cette rue existait un des trois fours banaux des Comtes.

Les principales enseignes de cette rue étaient, au xviᵉ siècle, l'Image-Saint-Laurent (qui, avec le Crois-sant et le Mulet,.sont les plus anciennes hôtelleries de la ville) : c'était la halle aux cuirs au xvᵉ siècle; l'Oblye, en face; la Cicogne, à côté; l'Ange-Gabriel, en face des Boucheries; la Truie-qui-File, le Chapeau-Rouge, le Roi-David, la Fleur-de-Lys, le Petit-Dieu, les Trois-Belins, le Chapeau-Royal, l'Ours-Volant, l'Arbalète, au coin ouest de la Petite-Tannerie; l'Huys-de-Fer, la Dame, le Puits-d'Amyot.

Depuis la décadence de nos foires, ce qui en con-serve seulement le nom, s'est tenu jusqu'en 1756 dans la rue Notre-Dame. Elles ont été alors trans-férées à l'Etape-au-Vin, et depuis en divers quar-tiers.

Place de la Préfecture.

En face de la rue Notre-Dame, s'ouvrait le grand portail de l'Abbaye. Le corps principal de la Préfec-ture a conservé la plus grande partie des lieux ré-guliers. La cour actuelle formait le cloître.

A gauche du portail de l'Abbaye, s'élevait celui de l'église Saint-Jacques, nommé le beau portail. L'église s'étendait parallèlement à la grille actuelle, en appuyant son chevet sur le cours d'eau. Elle ser-vait à la fois et de chapelle pour les religieuses et de paroisse pour le quartier, au moyen d'un double chœur. La vaste place, au nord des bâtiments, for-mait le cimetière Notre-Dame. Commun à plusieurs paroisses, il n'était séparé de la chaussée publique que par des lices. La rue, au couchant de ce cime-tière, se nommait rue du Point-du-Jour, ou des Merlettes : ce dernier nom emprunté au blason.

On y voyait les logis du Mouton-Vert, du Cheval-
de-Bronze, plusieurs libraires.

La petite place, à droite et en face de l'entrée de
l'Abbaye, était la place Notre-Dame, proprement
dite. Au milieu, s'élevait une croix de pierre, où
l'on faisait les publications de police de par l'Abbaye. A côté, se voyait le pilori, avec carcan,
marque de sa justice.

Cette justice lui fut contestée en 1604, mais l'abbesse appuya sa possession :

1° De l'existence d'un banc de bois au-dessus duquel régnait un auvent en ardoises, soutenu d'arcs-
boutants, comme étant le lieu où d'ancienneté les
officiers rendaient la justice;

2° D'une prison où se trouvaient encore des fers
à ferrer et à enjamber les prisonniers;

3° D'une barrière sur lesquelles se reposaient et
s'appuyaient ceux qui attendaient les plaids.

Cette dernière circonstance explique comment les
barrières étaient devenues signes de juridiction.

On ne manquait pas de poser une barrière devant
l'hôtel du maire aussitôt après son élection.

Au bas de l'escalier extérieur de l'auditoire, rue
du Chaperon, existait une énorme barre en fer,
devant laquelle se faisaient les adjudications par
décret, d'où vient la locution, acheter à la barre.
Après la suppression de la prévôté, cette barre fut
fixée, pour le même usage, devant la porte latérale
du palais des Comtes. Elle a servi depuis au tribunal de première instance, dans la grande salle de
l'Hôtel-de-Ville, et n'a été réformée que lors du
dernier transfèrement de ce tribunal.

Ajoutons ce détail de mœurs, qu'au cours du XIVᵉ

siècle, les religieuses de Notre-Dame assistaient, *honoris causa*, aux obsèques des personnages considérables.

En 1375, elles reçurent 60 sols pour avoir fait cortége à Nicolas de Metz-Robert. Elles étaient plus de soixante.

L'abbesse de Notre-Dame avait conservé sur l'église Saint-Jacques tous les droits de curé primitif. Elle nommait à la cure, percevait les droits d'offrande pour moitié, nommait les marguilliers, qui prêtaient serment entre ses mains, etc., etc.

En 1533, voici comment les choses se passèrent, suivant procès-verbal, dressé le 7 mars, par Charpuy, notaire, après l'élection des deux marguilliers :
« Messieurs, dit l'abbesse (qui se nommait alors
» Marie du Moutier), vous jurez par la part que
» vous prétendez au paradis, que bien et fidèle-
» ment rendrez compte à moi ou à mon commis.

» Madame, répondit le premier marguillier, je
» suis venu, avec mon compagnon, pour faire le
» serment, pardevant une femme; mais puisque
» mes prédécesseurs marguilliers ont goûté de cette
» pomme, que je trouve si amère, il faut que j'en
» goûte comme les autres, dont me déplaît. Mais
» Madame, j'ai vu le double de vos chartes, par
» lequel il est dit qu'il faut que le serment se fasse
» en vos mains; pour ce, s'il vous plaît, tendez
» votre main. »

Rue Mignard.

On comprend, depuis 1851, sous ce nom, les rues Mignard et de l'Orfévrerie.

Dès le XIV⁰ siècle, la rue Mignard, dans son état

restreint, se nommait *du Poids-le-Roi* : c'était le pesage public, partie importante du domaine des Comtes. Le comte Hugues en avait abandonné le produit à l'abbaye de Saint-Pierre-le-Vif de Sens. En 1491, la ville le racheta.

Le nom de Mignard paraît pour la première fois dans l'Annuaire de l'an ix; j'ignore s'il aurait été motivé, soit parce que ce grand artiste serait originaire de cette rue, soit parce qu'il a enrichi de ses productions l'église voisine de Saint-Jean.

La rue de l'Orfévrerie s'est aussi nommée de la Beurrerie. La communauté des orfèvres était considérable, et renfermait de vrais artistes. Elle avait d'abord adopté la rue du Domino.

Rue du Coing-Coignier.

La leçon ancienne de cette inscription, telle qu'elle figure dans le tableau de l'Almanach de 1782 et dans Courtalon, est Coing-du-Coignier. On ne voit pas ce qui a pu autoriser depuis à supprimer l'article.

Cette rue s'est nommée aussi rue de la Potence. On appelait coignier, au moyen-âge, l'arbre que nous nommons cognassier (8); il y avait là probablement un coing pour enseigne.

On connaît ce rébus des cabaretiers modernes, établis à l'angle d'une rue, arborant pareille enseigne, avec la légende : *Au Bon-Coin.*

Rue de la Clef-d'Or.

Autrefois, rue des Noës (des Noix).

Au xvie siècle, la ruelle Monnot.

Dans quelques titres, on la désigne ainsi : *Ruelle devant le Grand Sauvage pour aller à Saint-Jean.*

En dernier lieu, l'hôtellerie de la Clef-d'Or, faisant un des angles de la rue Notre-Dame, lui a donné son nom.

Rue de la Montée-des-Changes.

Elle a reçu ce nom parce qu'elle se dirige précisément en face de la place que nous avons démontré avoir été le siége principal des changeurs, qui y plaçaient leurs tables et y ouvraient *leurs fenêtres*.

Elle a été nommée quelquefois de l'Hermitage, à l'occasion d'une enseigne. Elle s'est nommée aussi rue de la Vieille-Poulaillerie, parce que le marché s'est tenu, à certaine époque, au point de sa jonction avec la rue du Temple. On remarque, au coin de la rue du Temple, une vaste maison en pierre. Quelques titres la nomment hôtel des Gandelus.

Rue du Temple.

Cette rue, nommée primitivement rue Composte, a tiré son dernier nom de la commanderie du Temple (maison n° 3). Les chevaliers du temple de Salomon furent approuvés dans le concile de Troyes de 1128. Ils reçurent plus tard (1214) leur institution. Ce fut saint Bernard qui rédigea leurs statuts. En 1186, ils avaient reçu, par donation, leur maison de Troyes.

Ils s'intitulaient, dans les actes qui ont passé sous nos yeux, — *humilis minister militiæ templi;* — leur sceau représentait deux hommes sur un cheval, avec cette légende : *Sigillum militum Christi.*

Lors du grand procès qui précéda leur destruction, l'instruction fut suivie à Troyes par Guillaume de Paris, inquisiteur, en présence de deux gentils-hommes du pays, et devant notaire.

Les chevaliers de la baillie de Troyes furent du nombre de ceux qui se reconnurent coupables des faits dont on les accusait. En 1312, leurs biens furent dévolus aux chevaliers de Saint-Jean. La rue n'en conserva pas moins son nom.

A la Révolution, la chapelle située à droite de la porte d'entrée fut démolie. L'hôtel des Commandeurs est devenue propriété privée.

Nous signalerons, dans cette rue, la cour au Bé, où étaient, au xvi° siècle, les étendoirs des célèbres papetiers de ce nom.

La rue du Pont-Royal, qui y répond, s'est appelée aussi des Trois-Pucelles, du nom d'un hôtel voisin. Le nom de Pont-Royal doit se rattacher à certaines possessions de nos Comtes, qui les transmirent depuis au Roi.

Derrière cette partie de la rue du Temple, existait en effet une maison distribuée en de nombreux logements, et qu'on nommait les chambres ou chambrettes du Roi. Il était encore propriétaire (1579) de le maison des Egriselles, renfermant plusieurs étaux de bouchers.

On y trouvait encore les logis de la Dame, du Maillet, près l'égoût (occupé par la famille Maillet), du Charriot-d'Argent, du Mouton-à la-Grande-Laine, du Rabot, de la Grosse-Lance.

Enfin, l'abbaye de Fontenay y avait une succursale. A l'extrémité ouest de la rue était dressée une potence, signe de juridiction du commandeur.

Rue de la Pie.

Avant le commencement du xve siècle, époque à laquelle la Tuerie ou Ecorcherie fut établie au Quartier-Bas, toute la région comprise entre les rues de la Pie, du Cheval-Blanc, du Gros-Raisin et des Bons-Enfants, était connue sous la dénomination générale de Massecrerie ou Masquerie, du mot de basse latinité *maceria* ou *macheria*, qui signifie boucherie. Le ru de Vienne, seul cours d'eau qui abreuvât alors ce quartier, servait à l'écoulement des immondices, et ne suffisait pas toujours à cette destination. De là, des plaintes fréquentes des intéressés.

La rue de la Pie était la Grande-Masquerie. L'enseigne d'une auberge lui a fourni son nom moderne.

Rue du Cheval-Blanc.

Cette rue, parallèle à la précédente, était la Petite-Mascrerie, 1382, et dès 1285, *parva macecreria*.

Une hôtellerie, ayant pour enseigne le *Renard-qui-Prêche*, servait à la désigner au xvie siècle (1598); une autre enseigne lui a valu son dernier nom.

On y trouvait, en 1612, le logis ou maison du comte Henry, habité par les Merille, qui ont laissé à Troyes des souvenirs de plus d'une sorte.

La rue des Trois-Cochets y aboutit. Son nom lui venait d'une enseigne bien convenable pour un hôtelier.

Rue du Gros-Raisin.

Anciennement Grande-Massecrerie. Son dernier nom lui vient de la maison du Gros-Raisin, qui était encore désignée sous ce nom en 1777. Elle était alors possédée par M. Berthelin du Chauffour.

Nous trouvons dans l'*Aube*, du 7 février 1856, la description suivante de cette décoration :

« La porte, en arc surbaissé, se terminait par une
» ogive contre-courbée dont l'archivolte était en-
» tourée d'un cep de vigne chargé de gros raisins.
» Le long des rampants de l'ogive gravissaient deux
» figures. L'une d'elles reproduisait le costume et
» la hotte pleine d'un paysan ou vigneron en ven-
» dange. »

Le carrefour formé par la rencontre des rues du Cheval-Blanc et du Gros-Raisin, se nommait le quartier de Gâteau. Le même nom servait, en 1675, à désigner une maison attenant au pont de la rue du Gros-Raisin. On trouvait dans notre rue un jeu de paume et un jeu d'anneaux. Au xvi° siècle, la cour commune se nommait la Cour-au-Chat, du nom de Jean Lechat ou Lecat qui l'habitait. C'était une famille de bouchers.

Rue des Bons-Enfants.

Comprise autrefois comme les autres dans la dénomination générale de Mascrerie. On appelait Bons Enfants, au moyen-âge, les enfants fréquentant les écoles publiques. Plusieurs rues de ce nom, à Paris et ailleurs, l'ont dû à des établissements de ce genre. S'il s'agissait de temps plus modernes, on y trouvait une enseigne fréquemment employée. La rue Beau-Boucher s'est appelée autrefois Coin-aux-Bœufs, puis Cour-aux-Bouchers. C'est la seule trace qui reste de l'ancienne industrie de ce quartier.

Rue Saint-Vincent-de-Paul.

Rue du Sauvage jusqu'en 1851.

Cette rue était, au moyen-âge, la Corderie, le quartier des cordiers. Au xvi° siècle, un hôtel voisin dans la rue Notre-Dame lui donna son second nom.

C'était l'hôtel du *Grand-Sauvage*, où les marchands de Montauban descendaient durant les foires.

Il forme la deuxième maison après l'angle de la rue du Temple. Là commença le grand incendie de 1524.

Les sauvages jouaient un grand rôle dans la décoration du moyen-âge. Ils étaient représentés nus, barbe et cheveux longs, armés de massue, figure patibulaire. Celui-ci avait trois pieds de haut, il était en ronde bosse en bois doré.

Les enseignes étaient souvent des œuvres de mérite, émanant de véritables artistes, sous le modeste nom d'imagiers. Elles représentaient parfois des scènes à très-nombreux personnages, ou des villes avec leurs remparts et leurs cents clochers. Celles de Rouen et de Lyon, qu'on a publiées récemment, en donnent la preuve. Quant à Troyes, la destruction a été si complète, l'alignement et le badigeon ont si bien opéré, que jusqu'ici il a été impossible d'en découvrir une seule pour la placer au Musée.

En parcourant cette rue au xvi° siècle, nous rencontrons les maisons des Trois-Maries, de la Samaritaine, de la Grimace, du Petit-David. Plus, un jeu de paume, comme nous en rencontrons dans presque toutes les rues.

Le marché des cuirs à poil commençait à la Corderie, pour finir aux places Notre-Dame.

La rue du Moulinet (petit moulin), nom d'une enseigne, y aboutit. Elle s'appelait, au XVI° siècle, rue du Pont-qui-Tremble.

Rue de la Grande-Tannerie.

Magna Tenneria en 1285, et bien avant ; Grande-Tennerie en 1423.

La tannerie est une des plus anciennes et des plus importantes industries de la ville de Troyes. On peut en juger par le nombre des moulins à tan que faisaient mouvoir nos cours d'eau.

C'est dans son intérêt surtout que nos Comtes ont amené à grands frais, et divisé avec un art admirable, les eaux de la Seine. Les tanneurs faisaient alors de grandes fortunes. Ils se distinguaient par de larges libéralités envers les églises et les établissements de bienfaisance.

Leur habileté avait mis leurs produits en grand renom, aussi venait-on de fort loin pour embaucher leurs ouvriers. En 1172, le comte de Champagne en fit venir à Coulommiers, quand il voulut y établir des tanneries.

Cette prospérité, à laquelle la révocation de l'édit de Nantes avait déjà porté atteinte, ne résista pas aux édits Bursaux de 1739 et 1765, dont le résultat fut d'obérer la communauté, et de disperser les chefs de maison.

Grosley, dans ses Ephémérides, déplore amèrement cet état de choses, et en indique le remède, qui ne paraît pas avoir été employé.

Rue de la Petite-Tannerie.

Consacrée encore aujourd'hui à la même industrie que la précédente. C'est dans cette rue que les arbalétriers, qui ont précédé les arquebusiers, faisaient leurs exercices et tenaient leurs assemblées. Ce local a passé aux Marguenat, une des bonnes familles troyennes, à laquelle appartenait Mme la marquise de Lambert.

On y trouvait l'hôtel de la Botte-de-Foin ; le puits qu'on y voit encore à son débouché, était le puits de la Croix-Blanche, ou du Cornot.

Les puits publics étaient l'objet d'une attention toute particulière de la part de l'édilité, dans une ville toute construite en bois, désolée par de fréquents incendies, et lorsqu'on n'avait pas les secours des pompes, qui ne remontent qu'à la fin du dernier siècle. Aussi le voyeur s'assurait-il, par de fréquentes inspections, de leur bon état ; et s'il arrivait que, durant une certaine nuit, des malintentionnés vinssent à enlever ou briser les chaînes, la cité était en émoi, on instruisait contre les coupables, on fulminait des monitoires, et le calme ne revenait qu'après que justice était faite.

C'était à l'usage de ces eaux, de détestable qualité, qu'il faut reporter la cause des maladies hideuses et énervantes qui viciaient les générations dans leur principe. Aussi les fontaines publiques, réclamées depuis si longtemps, n'étaient pas seulement une question de commodité et de propreté, c'était une question de vie. Ne l'oublions jamais, et que notre reconnaissance s'en accroie d'autant envers notre généreux compatriote.

Ces puits publics, au nombre de quatre-vingts, portaient les armes de la ville ou de leurs fondateurs. Ils étaient, comme la plupart des ponts, entretenus aux frais des habitants, et la contribution s'établissait avec l'exactitude la plus scrupuleuse. On abattait une perpendiculaire de chacun des puits jusqu'au ruisseau. De ce point, on faisait partir des lignes dans toutes les directions, et le point où ces lignes se rencontraient faisait limites extrêmes pour les contribuables.

Rue des Cornes.

Elle relie les deux Tanneries. On l'appelait quelquefois la rue Neuve, parce qu'elle ne fut ouverte qu'en 1553. Son nom se rattache à l'industrie dominante de ce quartier.

On y trouvait, au n° 2, la maison dite Château-Gaillard, où le premier cas de choléra se déclara en 1833. Elle communique, avec la rue Perdue, par la ruelle Bresson, ou Jean-Michel, noms empruntés à deux habitants.

Rue de Jargondis.

Cette rue se nommait, au moyen-âge, la rue des Halles, parce qu'un grand nombre de marchands y avaient leurs magasins pendant les foires.

On y trouvait, en premier lieu, les halles de Provins, qui d'abord étaient situées rue du Temple, en face de la Montée-des-Changes, mais qui, plus tard, succédèrent au commerce de Douai, dans la rue dont nous nous occupons.

On y trouvait la halle de Jargondis, dont le nom lui est demeuré.

Postérieurement, une enseigne d'hôtellerie (au nº 3) lui valut le nom de la Tête-Rouge. Cet hôtel était encore en grande faveur au dernier siècle. On voit que le nonce du Pape y logea en 1788.

Rue Perdue.

Cette dénomination pourrait lui revenir avec beaucoup de vraisemblance, de ce qu'elle manquait de dégagement au midi, et formait plutôt un impasse qu'une rue; mais nous avons tout lieu de craindre qu'il ne faille traduire son nom par le latin *perdita*, à en juger par la mauvaise réputation que les mémoires du temps lui ont faite, sous certains rapports, sur lesquels nous n'avons pas à nous appesantir.

Rue Saint-Paul.

Elle conduisait au couvent des Jacobins, dont elle porta souvent le nom. L'église de ce couvent était dédiée à la Conversion de saint Paul, parce qu'elle fut édifiée à la place d'une ancienne chapelle du même vocable. Les Jacobins avaient pour limites les maisons de la Petite-Tannerie, le ru Cordé, les remparts, devenus le quai de la Tannerie, et les jardins de Notre-Dame. Charles V avait donné à ces Pères une portion de la vraie Croix, tirée de la Sainte-Chapelle.

On rapporte que les marchands, trafiquant aux foires, juraient sur cette relique de remplir leurs engagements, et on tenait que ceux qui y manquaient mouraient, ou étaient gravement affligés dans l'année (9).

En 1766, la ville de Troyes, ayant besoin de casernes pour recevoir la compagnie de gardes-du-corps, qui y tenait garnison, disposa du local des Jacobins, qu'on transféra rue du Bourg-Neuf.

Il ne reste plus rien des bâtiments; l'*Album de l'Aube* a conservé une vue extérieure de l'église. Les Archives occupent une partie de' cet emplacement, et ont donné leur nom à la rue adjacente.

QUARTIER DE COMPORTÉ.

—

N. B. — Plusieurs rues de ce quartier ont figuré dans le tableau de Belfroy, par suite des réunions votées en 1851.

—

Rue du Marché-aux-Trapans.

On confond aujourd'hui sous le même nom la rue et la place.

Trapan veut dire planche. Trappe en est dérivé.

Quai Napoléon.

Le quai Napoléon a remplacé deux anciennes rues, savoir : la rue du Mouton-Blanc, depuis la place de la Préfecture, jusqu'à la rue de l'Hôtel-de-Ville et la rue des Bains, en continuant jusques et pardevant le Marché-aux-Trapans.

Le canal a remplacé la ligne de maisons, au levant, et le quai des Comtes-de-Champagne occupe le lit de la rivière.

Le nom de Mouton-Blanc vient de l'enseigne d'un hôtel dont nous avons trouvé la vente, en 1658. Auparavant, c'était la rue des Étuves, des Étuves-aux-Hommes. Ces étuves, solidement construites, occupaient, au siècle dernier, une largeur de onze toises. Grosley a fait connaître leurs dispositions intérieures dans ses Ephémérides de 1766. Elles appartenaient à Saint-Étienne, qui en tirait 48^{lt} en 1514, et 100 en 1527, y compris le jeu de paume, à l'usage des baigneurs. On les nommait l'Hôtel-de-Seine.

La rue des Bains, ou Basse-des-Bains, qui suivait, s'appelait aussi des Étuves, et des Étuves-aux-Femmes, 1400. Elles occupaient, en face du marché, quatre corps de bâtiments incendiés en 1696.

On peut, sans hésitation, faire remonter nos étuves aux Romains. Nous en avons eu, vers 1840, une preuve matérielle : en creusant le canal, on trouva, à soixante mètres en aval du pont des Cordeliers, plusieurs tombereaux de débris de tuiles et de vases romains. Nous en avons fait déposer des spécimens au Musée.

Plus tard, au ixe siècle, Nithard nous apprend que Charles-le-Chauve s'y baigna.

Malgré des règlements sévères, les étuves devinrent des lieux de dissipation et de débauche. Les excès dont ils étaient le théâtre reviennent souvent dans la bouche des prédicateurs du temps.

Ce motif, l'usage du linge, et la disparition de certaines maladies, les firent peu à peu abandonner.

La rue Basse-des-Bains s'est aussi appelée de la Congrégation, de l'établissement religieux occupé aujourd'hui par la gendarmerie. C'était, dans l'origine, l'hôtel de la Licorne, s'ouvrant aussi sur la la Grande-Rue, et qui avait servi au collége, avant le legs de Pithou. Les religieux l'augmentèrent en 1633 des maisons dites d'*ancieunete* de Jérusalem. On y trouvait en outre les hôtels de la Grue, du Chef-Saint-Loup, de la Boule-Verte, du Four, en face des Bains. C'est là que Foicy percevait ses censives.

Jean Soudan, peintre-verrier, y demeurait en 1550.

Rue du Maillet-Vert.

En 1400, c'était la ruelle des Mauberts, famille répandue à Troyes à cette époque.

Une enseigne, celle du Plat-d'Étain, servit à la désigner plus tard. Enfin, le Plat-d'Étain, ayant fait place, sur la même enseigne à un maillet vert, a amené l'état de choses actuel.

Le maillet est fréquent sur les enseignes, parce qu'on s'adonnait fort, alors, au jeu de mail, ou de pâle mail, dont il était le principal instrument. Ce jeu de mail, demandant une longue carrière, ne pouvait s'établir qu'en dehors des murs. C'est de là que les promenades de plusieurs villes, et notamment de la nôtre, ont pris leur nom.

Rue Gambey.

Cette rue, depuis 1851, réunit sous un même titre trois anciennes rues, aujourd'hui mal alignées entr'elles, mais que l'avenir doit régulariser : ce sont celles de la Grande-École, du Donjon et de la Grimace, derrière le chevet de Saint-Remi.

Dans les premiers siècles de l'Église, l'instruction était exclusivement donnée par le clergé. Les principales églises ou maisons régulières entretenaient de petites écoles, où l'on apprenait à lire, écrire et chanter; puis de grandes écoles, où l'on apprenait le latin. Du nombre de ces dernières, étaient celles de Saint-Pierre, de Notre-Dame, de Saint-Jean, de Saint-Remi. Dès la fin du x⁰ siècle, les études étaient florissantes à Troyes (1).

La direction des grandes écoles appartenait au chantre de Saint-Pierre et à l'écolàtre de Saint-Etienne ; celle des petites écoles, au sous-chantre, d'après la bulle de Grégoire II. En 1488, chaque écolier, allant aux grandes écoles, payait 2 sols 6 deniers, à la Saint-Jean et à Noel, pour droit d'écolage. Le collége les a remplacées. Il est probable que la grande école de Saint-Remi se tenait dans la partie qui nous occupe, et qui se nommait aussi rue du Rat-Botté en 1680.

La rue du Donjon a pris son nom d'une vaste maison de pierre faisant l'angle de la rue et retour sur la place. Dès 1260, elle était la succursale, en ville, du couvent de Foicy.

Quant à la rue de la Grimace, un hôtel de ce nom s'y voyait, dès 1550, et a subsisté au moins jusqu'en 1770. Elle était alors habitée par un sieur Mauny.

Rue Pithou.

Depuis 1851, cette rue comprend l'ancienne rue Pithou, faisant face à Saint-Remi, et celle qui lui faisait suite sous le nom de la Chasse.

La rue de la Chasse s'appelait, dans le principe, la rue du Heaume (casque), puis rue de l'Étrille, à raison d'une enseigne dont une cour retient encore le nom aujourd'hui. Elle est devenue rue de la Chasse, par suite de l'enseigne d'une hôtellerie faisant le coin de la Grande-Rue, dès et avant 1520.

Quant à la rue Pithou, elle a continué à être connue sous le nom de l'Étrille jusqu'à la Révolution, et ce n'est que dans l'Annuaire de 1801 que nous voyons apparaître un nom qui représente, à un si haut degré, la bonne et saine érudition, et les vertus du citoyen.

On sait que, par son testament de 1617, François Pithou laissa à la ville de Troyes sa maison paternelle pour recevoir le collége, et, en outre, sa bibliothèque et une dotation considérable. Son nom, qui figure encore sur la porte primitive du vieux manoir, porta bonheur au nouvel établissement (2).

Depuis deux siècles et demi, bien des générations s'y sont succédées, puisant à des sources abondantes et pures une solide instruction ; bien des hommes d'élite en sont sortis.

Aujourd'hui, des circonstances qui, certes, doivent être bien impérieuses, lui assignent une autre destination.

Cette terre, consacrée par la naissance des deux frères, cette terre, devenue grecque et romaine, va servir à un marché public.

O mânes des Pithou, apaisez-vous ! pardonnez aux nécessités du progrès ; mais ne craignez pas que votre mémoire en souffre. Au milieu de l'instabilité générale, qui donne quasi le vertige, il est une chose qui, à l'honneur de l'époque, va s'affermissant et grandissant : c'est la glorification des hommes qui ont bien mérité de leur pays, par leurs talents ou leurs bienfaits.

Place Saint-Remi.

Jusqu'à la fin du dernier siècle, cette place formait le cimetière de la paroisse, et se trouvait limitée par des murs à hauteur d'appui, qui ne laissaient de libre que la largeur de la chaussée.

La chaussée, au midi de la place, se nommait rue *Devant-la-Montre-de-Saint-Remi*.

Plus tard, une enseigne du nom de Jésus lui fit assigner ce dernier nom.

Rue des Bûchettes.

Cette rue, dans les temps reculés, était comprise, comme plusieurs de ce quartier, sous la dénomination générale de Clos-de-la-Madeleine, qui formait un centre d'habitations à part. Mais dès 1222 apparaît le nom des Bûchettes.

Quand on considère qu'elle est parallèle à la rue où l'on vendait le bois à brûler et à *maisonner*, il est naturel de penser qu'on y tenait le marché du menu bois, ou fagots.

Abordons-la par son extrémité occidentale. Nous y trouverons, à droite :

1° La cour de la Rencontre, ou de Saint-Benoît, 1782 ;

2° Plus loin, la cour de la Rose, ou de Giffaumont.

L'hôtel de la Rose, occupé en 1573 par un apothicaire, s'ouvrait sur la place, en face de la Belle-Croix, remplacée en 1793 par un arbre de la liberté.

Quant à l'hôtel de Giffaumont, ou des Cordrains, il formait l'angle de ladite cour, au levant, sur la rue des Bûchettes.

A l'est des bâtiments de l'Hôtel-de-Ville, régnait la rue, ou ruelle de Daudes, nom d'une famille considérable : Perrin de Daudes l'habitait en 1222, et Pierre en 1303; elle fut supprimée en 1730.

La cour Gissepuis était, au moyen-âge, la cour des

Fines-Épices, et la maison adjacente au n° 8, se disait la Maison-d'Égypte.

Nous avons noté, dans cette rue, les hôtels du Potot-d'Or (quart de pinte), des Singes-Verts, des Frondeurs, 1550; du Dieu-d'Amour, de l'Image-Saint-Claude, 1650; de Saint-Barthélemi, du Grand-Monarque, des Cannetons, du Monde-Renversé, 1688; de la Croix-Verte.

On y trouvait, je ne sais où, la cour du Recours-en-Dieu.

Cette rue est en déviation complète avec la rue des Lorgnes, qui lui fait suite, et celle-ci, avec celle du Bourg-Neuf. Ces irrégularités, dont plusieurs ont disparu, ont reçu diverses explications.

Grosley y voyait un moyen de se préserver de la violence des vents, d'autres y ont vu un procédé stratégique pour la défense des villes. Ne peut-on pas dire avec plus de raison que notre ville n'a pas été bâtie d'un seul jet, et que les bourgs et les clos, en venant se souder successivement au plan primitif, n'admettaient guère la probabilité des raccords?

La ruelle Maupeigné, communiquant avec la rue du Bois, doit procéder d'un nom propre.

Rue de la Vierge.

S'appelait, dans le XIVᵉ siècle, la ruelle Gaultrot.

Un sieur Pierre Chausson, marchand-chandelier, qui occupait, en 1420, l'un de ses angles sur la Grande-Rue, lui donna son nom, qu'elle conserva longtemps. Elle a dû le dernier à une statuette de la Vierge, taillée en bois et placée dans une niche, par suite d'une pratique assez fréquente au moyen-âge;

quelquefois, c'étaient des images de saints-patrons du propriétaire qu'on plaçait ainsi. A certains jours, on les honorait par des cantiques, des fleurs, des cierges allumés. A Rouen, quand on louait une maison, on chargeait le locataire de s'acquitter de ces observances. Pendant les querelles de religion, on notait ceux qui ne saluaient pas ces images. En 1560, les Calvinistes de Troyes, ayant insulté l'image dont nous venons de parler, il s'en suivit une longue émotion, qui ne cessa qu'après de grandes cérémonies expiatoires.

La piété de nos pères se traduisait encore, à l'extérieur, par des inscriptions tirées le plus souvent des livres saints, par lesquels ils mettaient leur demeure sous la protection divine, ou rappelaient aux passants quelque maxime édifiante.

Plusieurs existent encore.

Elles sont tracées en creux le long du *lignot* ; ce mot signifie, à Troyes, une poutre horizontale qui surplombe le rez-de-chaussée et soutient la façade. Cette disposition était générale au moyen-âge. Dans certaines villes, les étages allaient même en s'avançant les uns au-dessus des autres. Ces saillies protégeaient contre la pluie, comme elles font en Orient contre le soleil. Toutefois, les États d'Orléans les proscrivirent partout en 1560. Mais la résistance fut plus forte que le législateur.

Rue du Croc.

Ce mot doit être orthographié Crot, ou Cros.

Dans le vieux langage, il signifiait : trou, creux, flaque d'eau; il dérive de *Crotum*.

M. Jaubert (3) cité, comme exemple de son emploi, la phrase suivante :

« A Guillaume charretier pour 49 tombellerées de
» sable qui ont été mis pour boucher les crots du
» pavé des rues. »

Le Vocabulaire troyen de Grosley exprime bien
la chose par le mot *patouillat.*

Il n'en devait pas manquer dans cette ruelle humide et étroite, avant qu'elle fût pavée; et elle n'a
dû l'être que fort tard.

La rue Aumaire, à Paris, a été, primitivement,
désignée de même.

Indépendamment de ce nom, qui a toujours dominé, et a fini par prévaloir, notre ruelle en a reçu
deux du voisinage d'hôtels qui formaient ses angles
sur la rue Notre-Dame : le Renard-Bardé et l'Oblye.

Elle s'est appelée encore ruelle Vignier, nom
d'une famille de Bourgogne qui a pris des alliances
à Troyes. Enfin, en 1789, on la nommait parfois
rue des Serpettes.

Place de l'Hôtel-de-Ville.

Cette place s'est appelée, pendant des siècles,
place de la Belle-Croix, nom qu'elle devait à un
monument du moyen-âge, qui était une des grandes
renommées de la cité.

C'était une croix en bronze, succédant à une autre bien plus ancienne, en pierre.

Elle était, à l'origine, couverte d'un dôme en maçonnerie, soutenu par trois gros pilliers liés ensemble, avec de gros barreaux de fer. *Le tout fort triomphant et étoffé de peintures d'or et d'azur, et garni d'images et autres beaux ouvrages à l'avenant.*

Après avoir été renversée par un orage en 1584, puis rétablie, la tempête révolutionnaire l'abattit pour toujours en septembre 1792. Elle est figurée dans le *Voyage archéologique* d'Arnaud.

Cette place était garnie, au nord, de ces galeries, dites *allours*, à Troyes, et *avant-soliers*, à Rouen. On y tenait le marché des treillis et tiretaines.

Dans la Révolution, c'était la place de la Réunion.

L'Hôtel-de-Ville, dont on y voit la façade principale, eut un enfantement long et laborieux.

Nous avons vu ailleurs que les assemblées pour les besognes publiques se tenaient, d'abord, dans la galerie du beffroy, puis à la loge des plaids, puis à l'hôpital Saint-Esprit, puis à la salle du Roi, puis, enfin, aux Cordeliers, durant le xvii\ siècle, jusqu'en 1673.

Dans les lettres patentes de 1482, pour l'établissement de l'échevinage, il est dit que la ville de Troyes n'a point d'hôtel commun; on l'autorise à s'en pourvoir. Mais l'effet de ces lettres, ayant été suspendu jusqu'en 1493, ce ne fut que le 23 mai 1594 que la ville acheta, de Jean de Mesgrigny, l'emplacement actuel. Les ressources manquaient; les constructions furent commencées en 1620, sur les dessins de Louis Noble, architecte de la ville de Paris, puis abandonnées, et reprises en 1655, sans plus de suite.

Enfin, en 1665, la direction des travaux fut confiée à l'architecte Cottard, qui la mena à bonne fin.

Les sculpteurs Gauthier et Blondel ont exécuté les chapitaux.

Une statue pédestre de Louis XIV, placée sur la façade en 1687, fut brisée dans les jours qui suivirent le 10 Août.

On la remplaça par une statue en plâtre de la République, qui devient une Minerve, à l'occasion.

Rue de l'Hôtel-de-Ville.

Dite la Grande-Rue avant 1851, et en 1793, de la Fraternité.

On trouve le *Vicus magnus* cité dans les titres, dès le temps des Comtes.

On y trouvait le grand hôtel de la Serène (Sirène), après la ruelle de Daudes, n° 2 de la place

Il en est souvent fait mention lors des entrées solennelles de nos rois.

A la place des n°ˢ 66 et 68, on avait bâti, en 1732, à la place du logis de la Plume-Blanche, une salle de comédie, brûlée en 1775, et reportée hors de la ville, sur le terre-plein du fort Belin.

En face de Saint-Urbain, notons les deux jeux de paume des Violettes et du Pape-Gai; l'hôtel de la Chasse, au coin de la rue de ce nom, au n° 54.

A la suite, l'Image-Saint-Georges, où l'abbaye Notre-Dame tenait l'un de ses fours banaux; le logis du Griffon, en face la rue du Maillet-Vert, à côté de la Licorne; celui de l'Ormel, de l'Autruche, n° 18, où descendirent les ambassadeurs suisses en 1663.

Avant les derniers remaniements de cet hôtel, deux autruches, en demi-relief, se voyaient encore sur les ventaux de la porte charretière.

Rue Champeaux.

Ce nom doit être très-ancien.

Avant que nos villes, dans un intérêt de défense commune, eussent réuni dans une même enceinte les différents *bourgs* ou *clos*, dont la population se groupait sous la mouvance de quelqu'établissement religieux ou féodal, la culture restait en possession des terrains intermédiaires. C'était les Champeaux, ou Campiaus qui, plus tard, laissaient leurs noms aux quartiers les plus récemment bâtis. C'est dans ce sens qu'on disait, à Paris, les halles de Campiaus, Saint-Eustache-en-Campiaus. Dijon avait aussi les halles de Campiaus. Plus tard, notre rue a porté divers noms, savoir :

1° Au xv° siècle, c'était la rue de la Filierie (marché du fil) ;

2° Au xvii° siècle, et plus tard, c'était celle de la Poulaillerie, marché qui se tenait près de la place ;

3° Elle s'est appelée rue de la Croix-Rouge, que lui a valu un hôtel de ce nom, près de la Poulaillerie ;

4° Enfin, plusieurs titres la désignent comme rue des Ursins, emprunté à l'hôtel très-remarquable et très-apprécié des connaisseurs, qui existe sous le n° 26, et qui a appartenu à l'illustre famille de ce nom.

Dans un titre qui a passé sous nos yeux, daté du 29 mai 1468, devant Pierre Drouot, notaire, il est dit que le seigneur de Souligny reconnaît que, le 24 décembre 1458, il avait reçu, à titre d'amphitéose, de messire Jean Juvénal des Ursins, archevêque de

Reims, et du curateur de nobles personnes Jean Juvénal des Ursins, bachelier ès-lois, archidiacre en l'église de Reims, et Jean Juvénal des Ursins le jeune, frères, enfants de noble et puissant seigneur Guillaume Juvénal des Ursins, seigneur de Traînel, chancelier de France, une maison, rue Champeaux, appelée communément l'hôtel de Champeaux.

On y trouvait encore les hôtels du Jourdain, des Amis-de-la-Maison, des Léguisey (au coin occidental de la ruelle Maillard). Cette famille, très-influente aux XIVe et XVe siècles, a donné un évêque au diocèse.

Rue des Chats.

Elle est nommée ruelle Maillard dès 1460.

Nous ignorons pourquoi on a préféré à ce nom, consigné dans tous les actes de propriété et dans les anciens plans de la ville, celui de rue des Chats, qui n'est qu'un sobriquet populaire.

Le siége du garde-justice de l'abbaye de Montiéramey se tenait à l'extrémité de cette ruelle, du côté de la Poulaillerie.

Rue de la Madeleine.

Ainsi nommée de l'église qu'elle borde au couchant.

Cette église est un des monuments les plus remarquables de la cité, par ses vitraux, son jubé, l'antiquité de la partie septentrionale, et le portail de son ancien cimetière, qui fut exécuté, en 1556, par Jean Rousseau et Gérard Faulchon, maçons.

La continuation de cette rue, vers la porte de ville, se nommait autrefois ruelle de Pierre Leroi, et en l'an ix, rue des Boulevarts.

Rue Paillot de Montabert.

La rue qui rappelle l'historien de la peinture se composait, en 1851, de la rue du Domino, au midi, et de la rue du Coq, au nord.

Occupons-nous de la première.

Au XIIIe siècle (1267), c'était *les halles de Châlons, par où l'on va de l'église de Saint-Jean à la rue des Bûchettes.* On y vendait toiles, cuirs, laines, draps, friperie, fils, bestiaux, fourrages, blé, avoine, pois et autres grains (4).

C'était depuis la rue de Châlons.

Les marchands de Beauvais y tenaient aussi leurs comptoirs et leurs étables.

Depuis la décadence des foires, ces vastes établissements se divisèrent en propriétés particulières, et, selon l'usage du temps, la communauté des orfèvres adopta cette rue dès 1300. Ils y tenaient leurs assemblées, et fêtaient à la Madeleine, la Saint-Eloi ; ils étaient vingt-huit maîtres en 1594. L'année 1769 les retrouvait encore dans ce quartier. Les familles les plus anciennes dans cette industrie étaient les Chevry, les Charpy, les Rondot, et surtout les Domino, qui donnèrent à la rue son dernier nom.

Ceux-ci y acquirent une fortune et une importance qui leur valut une position à part. En 1359, Pierre Domino était maître particulier de la monnaie de Troyes (5), et en 1749, l'un de ses descendants figure comme ajusteur de la même monnaie. Plusieurs membres de cette famille avaient pris rang dans la bourgeoisie de Paris, et n'oubliaient pas leur patrie d'origine dans leurs legs pieux.

La maison du Domino, toujours occupée par des orfèvres de ce nom (1605-1642), était située à l'extrémité de la rue, côté gauche; ses dépendances rejoignaient, par derrière, l'hôtel de la Croix-Rouge, rue Champeaux.

On trouvait dans cette rue les logis de Saint-Jacques-de-Compostelle, de la Madeleine, sur l'emplacement des halles, du Petit-Cheval-Rouge, de la Chèvre, du Soufflet, qui, en 1512, servait à désigner la rue (6).

La rue du Coq, en 1198, était *ruella quæ dicitur Harduini*. En 1520, c'était encore la rue Hardouin. Cependant nous voyons, dans la grande ordonnance de police de 1493, qu'il existait déjà, au coin de la rue des Bûchettes, la maison du Coq; c'est-à-dire où pendait l'enseigne du Coq. Ce nom a prévalu depuis le commencement du xvi° siècle.

Quelquefois, on l'a nommée rue de Châlons, parce qu'elle en est la prolongation. On y trouvait la maison de Notre-Dame-de-Boulogne, et au coin nord-est de la rue, un des trois fours banaux de Notre-Dame, devenu le n° 57 de la rue du Bois.

Lorsqu'en 1848 on creusa les fondations de la maison n° 7, on exhuma en assez grande quantité des débris remontant à l'âge romain, briques, tuiles, fragments de meules de moulin à bras, en granit, vases en terre fine sigillée avec d'élégantes figures, etc.; des spécimens ont été déposés au Musée (7).

La petite rue qui relie la rue de Montabert à la rue d'Orléans, s'appelait de Mably depuis la Révolution (8).

Il existait alors en faveur de ce publiciste un en-

gouement qui s'est bien calmé depuis; les honneurs
du Panthéon étaient décrétés en sa faveur, et beaucoup de villes s'étaient empressées d'inscrire son
nom sur leurs murs. Nous citerons, avec Troyes,
Dijon et Cambrai.

Rue Charbonnet.

Cette rue a fait partie, comme plusieurs autres
de ce quartier, du Clos-de-la-Madeleine. Elle en
a porté le nom, ainsi que celui des *Amours-de-la-
Madeleine*; quelquefois, elle a été désignée rue de
la Grande-Ecole.

En effet, une des grandes écoles fondées pour l'E-
glise de Troyes par Grégoire XI, en juin 1378, s'y
trouvait établie au nᵇ 5 actuel. En 1536, cette maison appartenait encore à Saint-Pierre, et recevait des
écoliers sous la direction d'un régent.

Mais le nom sous lequel elle a été connue depuis
des siècles, jusqu'en 1851, est celui de la famille des
Lorgnes.

J'ai fourni ailleurs (9) les preuves de la place considérable que cette famille occupait dans la cité.
Représentée en 1295 par trois membres, chefs de
maison, elle contribuait aux dépenses d'une guerre
nationale dans des proportions qui laissaient bien
loin en arrière les autres contribuables. Dans le Cartulaire de Clairvaux (10), il est fait mention, sous
l'année 1230, de l'hôtel des Lorgnes, *domus Lorgno-
rum*; ce qui reporte l'existence de cette famille bien
au-delà.

Je m'incline très-volontiers devant les mérites uni-
versitaires de notre concitoyen Charbonnet; mais
j'avoue que, puisqu'on voulait pour lui une place

d'honneur, j'aurais préféré qu'on la choisît ailleurs, et, par exemple, aux dépens de quelques indications de rue insignifiantes ou mal sonnantes. Quand le nom d'une famille a traversé les siècles, associé à quelque monument ou a certaine localité, on doit supposer qu'une si longue possession se fondait, dans l'origine, sur quelque grand service ou quelques grands bienfaits pour lesquels le pays a voulu perpétuer sa reconnaissance. Il faut donc y regarder à deux fois avant de l'effacer ; c'est par là que nous mériterons que nos neveux respectent à leur tour les noms modernes que nous voulons aujourd'hui honorer.

Le nom de la rue des Lorgnes se rattache à une cotterie littéraire qui, vers le milieu du dernier siècle, tenait ses assises sur un banc de cette rue, en face le n° 12.

Disons d'abord quelques mots sur les bancs.

A cette époque, bien longtemps avant et jusqu'aux premières années de ce siècle, chaque maison avait pour accessoire obligé un banc stable ou mobile, où les gens de loisir, même dans les classes élevées de la bourgeoisie, passaient à peu près tout le temps qu'ils ne passaient pas à table et a la promenade. C'est là qu'on apprenait les nouvelles, qu'on exerçait sur les passants une critique plus ou moins bienveillante, qu'on faisait asseoir à ses côtés les voisins et les amis, qu'on se complaisait à des entretiens intimes, qui, dans les temps où l'on était encore moins collet monté, se terminaient quelquefois par des repas communs à ciel ouvert.

Ces habitudes patriarchales étaient générales au moyen-âge. Elles se retrouvent dans les historiens

de la Bourgogne et d'autres provinces. Nous lisions
dernièrement le passage suivant sur Lisieux (11) :

« Dans ces temps anciens, la vraie fraternité exis-
» tait parmi les habitants. Après le repas du soir,
» les voisins et voisines se réunissaient au-devant de
» leurs maisons, dont plusieurs avaient des porches,
» et se livraient à des jeux divers et à des conversa-
» tions non politiques.

» Pendant ce temps, les jeunes gens organisaient
» des jeux plus bruyants, où la décence régnait tou-
» jours. Quelquefois, les voisins prenaient leurs re-
» pas en commun au-devant de leurs habitations.
» Dans des circonstances particulières, on établissait
» des tentes de feuillage sur la place publique, on y
» dressait des tables, et les habitants y portaient
» leurs mets pour les manger en commun. La joie
» la plus franche présidait à ces réunions. »

Pour en revenir au banc de la rue des Lorgnes,
après cette trop longue digression, il était hanté par
les beaux esprits du quartier, qui adressaient des
énigmes et de petits vers aux journaux du temps,
notamment au *Mercure.*

Ils étaient peu favorables à l'académicien Grosley.
On croit que c'est de là que partaient certaines cri-
tiques anonymes sous l'inspiration de l'ingénieur
Monrocher, qui habitait le n° 3.

La rue des Lorgnes était donc l'un des cauche-
mars de Grosley, dont on connaît la susceptibilité,
et, grâce à ses récriminations, elle vivra autant que
ses ouvrages.

Accusé par ces critiques d'avoir falsifié un passage
de Tacite (12) :

« Si cette interpolation est un crime, dit-il, elle

» est d'un homme, qui, sans faire tort, à M⸱ Gouley,
» était supérieur à notre rue des Lorgnes dans l'in-
» telligence du texte de Tacite. Cet homme est Pierre
» Pithou, »

Et ailleurs (13), reprochant à la rue du Bois de
n'avoir pas conservé pures certaines traditions lo-
cales, il s'en prend au voisinage de la rue des
Lorgnes et aux beaux parleurs perpétuellement ras-
semblés sur la Bûche-des-Repenties et dans la rue
du Coq (14).

QUARTIER SAINT-JACQUES.

—

Rue Saint-Jacques.

Elle comprenait, en 1851, celle de Saint-Jacques, proprement dite, et celle du Breuchet.

Un prieuré de l'ordre de Cluny, sous le vocable de ce saint, existait de toute antiquité à la place occupée depuis par le couvent de la Trinité. Il était devenu le centre d'un bourg de Saint-Jacques, qui, se rapprochant par degrés de la Cité, en devint le faubourg.

Le même nom servit à désigner, et la porte élégante qui s'ouvrait à cet aspect (en 1793 dite des Sans-Culottes), et la rue qui s'étendait entre cette porte et la porte aux Cailles, élevée sur le cours d'eau de Jaillard.

On appelait ce quartier : Entre-Deux-Portes ; on le nommait aussi parfois le clos de Saint-Martin, ou le clos de Saint-Loup, parce que ces religieux y tenaient plusieurs maisons sous leur censive. On y voyait, au xvie siècle, les logis de la Maison-Blanche, ou des Épées, du Bon-Laboureur-de-Champagne.

La porte aux Cailles survécut longtemps à sa destination. En 1675, la ville louait encore des chambres et un grenier qui en faisaient partie.

La rue qui de la porte Saint-Jacques montait à

droite, le long du rempart, se nommait des *Trois-Petits-Clous.*

Le Breuchet, ou Brochet, s'entend d'un vase en terre d'une forme particulière, destiné à conserver l'eau potable, et, dont l'usage se continue de nos jours. Grosley place ce nom dans le Vocabulaire troyen. Lamonnaye l'appelle, en patois bourguignon, *bréchie,* ou *bréchié,* et tire son étymologie de sa facilité à s'ébrécher, ce qui nous semble une plaisanterie.

Nous trouvons, en 1442, rue du Bruchet; en 1550, le Bruchey ; en 1553, la maison où pend pour enseigne le Bruchié ; en 1600, la même enseigne du Bréché.

Dans les titres de cette rue, figurent comme propriétaires ou locataires quelques individus du nom de Breché. En 1645, cette famille existait encore.

Nous avons vu, et nous verrons encore, que c'était, au moyen-âge, un usage fort répandu que de prendre pour signe distinctif d'une maison un objet dont le nom faisait allusion à celui du propriétaire.

Cette rue s'est appelée concurremment rue Saugette, ou rue du Puits-Saugette, et communiquait à la rue Surgale par une ruelle de ce nom

La famille Saugette était fort répandue à Troyes au xvie siècle; Jean Saugette possédait, en 1517, un vaste hôtel attenant à la Corderie.

On y trouvait l'hôtel Saint-Nicolas et celui du Franc Chevalier, devenu l'hôtel du Grand-Henri, qui donne son nom à une cour commune.

Rue Saint-Martin-ès-Aires.

Elle communique de la rue Saint-Jacques à cette ancienne abbaye, dont l'abbatiale et une grande partie des lieux réguliers subsistent encore, et sont occupés par les Orphelines et le Sacré-Cœur.

L'église, aujourd'hui démolie, s'élevait au nord-ouest du cloître, qui mérite la visite des amateurs. Sa première érection eut lieu sur le tombeau de saint Loup, inhumé en 479. C'est dans la basilique de Saint-Loup qu'en 570, les rois Gontran, Childebert et Sigebert, vinrent jurer la paix sur ses reliques. Ce premier établissement, ayant été ruiné par les Normands en 888, fut transféré dans la cité (voir rue Saint-Loup). Depuis, il y fut établi une abbaye de l'ordre de Saint-Augustin, qui prit le nom de Saint-Martin, parce qu'on y conservait une dent du saint; on ajoute ès-Aires pour le distinguer de Saint-Martin-ès-Vignes.

Rue Surgale (1267).

D'autres disent : Surganne.

Ce mot ne se trouvant dans aucun vocabulaire, nous y verrons un nom propre, jusqu'à preuve contraire. Au moyen-âge, elle était connue, comme la plupart des rues de ce quartier, sous le nom générique de *Burgus episcopi*, le Bourg-l'Evêque, à raison de la juridiction qu'y exerçait le prélat, et des redevances qu'il y percevait. Ce n'est que plus tard que les habitations et les habitants s'étant multipliés, forcé fut d'avoir recours à des désignations spéciales.

En 1340, une des maisons de cette rue était vendue 13 ^ħ.

Cette rue reproduit encore, par sa forme recourbée, le tracé de l'avant-dernière enceinte qui s'arrêtait au Pont-aux-Cailles.

Rue du Fort-Bouy.

Dans les derniers plans de la ville, on l'avait divisée en deux sections, à savoir : celle au nord, sous le nom de Fort-Bouy; celle au midi, sous le nom du Faucheur. Dans le fait, ces deux désignations doivent s'appliquer à la totalité du parcours. J'ai rencontré le premier nom dès 1473, et le deuxième dès 1510, époque à laquelle une maison, faisant le coin de la rue Surgale, portait pour enseigne le Faucheur (quelques titres énoncent le Grand-Faucheur). Le nom de Meldanson ou Merdanson, qui est celui du cours d'eau, du moulin et d'une ruelle, s'est étendu quelquefois jusqu'à la rue.

Quant au nom de Fort-Bouy ou Fort-Buy, il y a tout lieu de penser qu'il désigne un four banal, probablement celui de l'Evêque, seigneur du lieu.

Nous avons lu dans un censier de 1595 :

« 10 *s* de rente sur un fiestre de maison près le » pont aux Cailles, appellé le fourg Boui. »

Et plus loin :

« 7 deniers sur une maison près le pont aux » Cailles, faisant le coin du fourg Bouy. » Bouy serait alors le nom du fermier, qui servait en général à désigner les fours banaux.

C'est dans la direction de cette rue, sur l'emplacement des anciens remparts, qu'en fouillant, pour

les fondations du nouvel abattoir, on a découvert
en 1856 deux belles mosaïques romaines et les sub-
structions d'un établissement considérable.

Rue de la Cité.

On a réuni, sous cette dénomination, trois rues
bien distinctes avant 1854 : celles de la Cité, du
Pont-Ferré et du Bœuf-Renouvelé.

Nous regrettons vivement qu'on n'ait pas cru de-
voir laisser à la première son existence à part. Ce
nom n'est pas l'effet du hasard. Il signifie ici, comme
presque dans toutes les anciennes villes, que c'était
là notre berceau, le municipe romain auquel le cours
des ans a annexé successivement les bourgs et les
clos qui avaient pris naissance à l'ombre d'établissements religieux. La rue de la Cité mesurait exactement le diamètre de l'antique Augustobona de Pto-
lémée et des itinéraires. C'est à ce point de vue qu'il
faut se placer pour expliquer la disposition de notre
vicinalité et la rareté des rues transversales. En effet,
de ce centre, comme du *milliarium aureum* de Rome,
rayonnaient les voies qui le mettait en communication avec les cités voisines. Ces voies, se garnissant
d'habitations, devinrent nos grandes rues, tandis
que des besoins bien plus rares et bien plus tardifs
ont ménagé les communications qu'on pourrait appeler : de ceinture.

La rue de la Cité commençait à la porte de la Girouarde. Le pont qui la précédait se nommait de
même, et aussi pont de la Gièvrie ou Giourie (1270),
parce qu'il conduisait au quartier des Juifs.

C'est sur la porte de la Girouarde que la légende
et la tradition populaire plaçaient saint Loup parta-

geant en personne, avec la garnison, le soin de défendre la place. C'est de là qu'il aurait interpellé Attila frappant à cette porte, et qu'il en aurait reçu cette réponse fameuse : « Je suis Attila, le fléau de » Dieu. » Le récit historique n'est pas d'accord avec ces détails, mais il confirme l'immense service rendu à la cité par le prélat. Aussi tous les ans, le jour de sa fête, la procession des religieux de Saint-Loup s'arrêtait en cet endroit avec la châsse du saint, pour y chanter l'hymne *Adeste cives*. Le clergé de la cathédrale a conservé ce pieux usage.

De là, laissant à gauche la Maison Dieu de Troyes, fondée avant le milieu du xiie siècle par les Comtes de Champagne, nous remarquons les logis suivants : de Lyon, de l'Arche-de-Noé, de la Fleur-de-Lys, de l'Ange, de la Petite-Coupe, de la Grande-Coupe (à l'angle ouest de la rue des Trois-Petits-Ecus, aujourd'hui le Charriot-d'Or). A l'autre angle se trouvait l'hôtel du Ribaud, à l'enseigne de la Belle-Armée. Le n° 57, où nous avons vu pendre l'enseigne de la Croix-d'Or, a remplacé les logis des Grandes et Petites-Haches, où le grand maire du chapitre Saint-Pierre avait son prétoire. Une potence permanente, en face de la rue Saint-Loup, était le signe de sa justice (1).

Enfin, à l'angle de la rue Saint-Loup, n° 61, était l'hôtellerie de la Verte, auparavant de Rouen, où la tradition veut que Montaigne ait logé, dans un de ses voyages.

Il y avait aussi à Rouen un hôtel dit : de la Verte-Maison.

La rue du Pont-Ferré tirait son nom du pont qui la termine au nord. Ce pont, sur lequel débouchait

l'ancienne porte de la cité, nommée porte de l'E-
vêque, *porta Episcopi*, était le siège de la perception
de péages au profit du prélat, qui était chargé d'en
entretenir *le ferrage* (2).

En 1550, on la nommait aussi rue de Saint-Pierre,
parce qu'elle cotoie cette cathédrale et son portail
latéral, qu'on appelait, au moyen-âge, *le beau portail.*

Une antique tradition signalait la maison formant
l'angle nord-ouest de la rue des Trois-Godets comme
la maison paternelle de sainte Màthie. Dès 1345, elle
portait pour enseigne : A la Tour-Sainte-Màthie.

Rien n'était plus populaire, dans le diocèse de
Troyes, que la dévotion à cette sainte, surtout
parmi les jeunes filles, dont un grand nombre la
prenait pour patronne. Le 7 mai, jour de sa fête,
un immense concours de fidèles accourait des points
les plus éloignés pour invoquer son intercession.
Dès la veille, la vieille cathédrale était remplie par
des pélerins qui y passaient la nuit (3); les autres, à
défaut de logis, campaient sur les places et dans les
rues. C'était a qui toucherait les reliques vénérées.
On consacrait par leur contact des touffes de tulipes
sauvages (vulgairement appelées gogues).

Ce concours avait donné lieu à une foire, ou rapport, établie principalement sur le parvis de Saint-
Pierre et dans la grande salle du palais royal. Les
jeunes paysannes y dominaient, se tenant unies par
les bras et formant de longues files blanches. On eût
dit de Théories des fêtes antiques.

Ces usages survécurent à la première révolution,
et ne cessèrent entièrement que vers 1830. Nous

avons pu voir encore, sur la place Saint-Pierre, et les viergeottes, et les marchandes de gogues, et quelques étalagistes, parmi lesquels des marchands de ferraille, achetant au poids des débris de métaux et de vieilles monnaies, offraient un souvenir bien dégénéré de nos riches changeurs.

La rue du Bœuf-Renouvelé avait pris son nom de l'hôtel de ce nom (1510-1674), formant les nᵒˢ 9 et 11 de la rue, dont les vastes dépendances, prolongées pardevant Saint-Nizier, ont fait place successivement au Petit-Séminaire, a la Providence, à l'Ecole normale, et font, depuis la démolition, partie de la place.

A côte, était le For-l'Evêque (nᵒˢ 13 et 15), c'est-a-dire le prétoire du prévôt et des autres officiers de l'Evêché. Ce For-l'Evêque avait donné son nom a la rue et au puits voisin.

L'hôtel des Trois-Ménétriers, remplacé aujourd'hui par une rue de ce nom, avait formé une troisième dénomination, l'hôtel du Petit-Cerf une quatrième, et enfin le voisinage de l'église une cinquieme, tant il est vrai qu'alors chacun en usait a son caprice. On trouvait encore dans ce parcours l'hôtel Saint-Louis, l'hôtel de la Crosse et la cour de la Lanterne, ou du Roi-des-Merciers.

Il ne faut pas induire de cette lanterne que nous trouvons ici mentionnée, que l'éclairage public fût connu dans ces temps-la; il ne fut installé que vers 1768, dans les rues principales, au moyen de cotisations volontaires. Jusque-la, on se bornait a éclairer le devant des maisons dans les moments de crise, et par ordre. D'autre part, des ordonnances de police défendaient aux particuliers de sortir le soir et la nuit sans lumière, sous peine de prison et d'amende arbitraire.

Place Saint-Nizier.

Le nom de cette église lui vient de ce qu'en 583 l'évêque Gallomagne, se trouvant au concile de Mâcon, se rendit à Lyon pour obtenir des reliques de ce saint, et les y déposa.

Vers la fin du siècle dernier, cette place, par un usage général, bien que très-regrettable, servait de cimetière à la paroisse; il était entouré par des lices qui formaient rues avec les maisons opposées. Celle à l'ouest se nommait *rue devant la tour Saint-Nizier;* celle au nord, *rue devant le Cimetière;* celle à l'ouest, rue des Trois-Torches, ou des Singes-Verts. Deux maisons censitaires du chapitre Saint-Pierre portaient ces enseignes.

Au milieu du cimetière, s'élevait une croix nommée Croix-Passerat, à laquelle on montait par des degrés en pierre.

Rue des Deux-Paroisses.

Si on jette un coup-d'œil sur le plan joint à ce mémoire, on verra que le point milieu de cette rue se trouve à égale distance des paroisses Saint-Nizier à Saint-Aventin, qui devaient se la partager. Un acte du 12 novembre 1647 y mentionne une maison dite des Deux-Paroisses. Il n'y a pas de témérité à penser que cette maison avait été construite sur la limite.

Cette année-là, et dans des temps bien plus anciens, cette rue avait été appelée du Chardonay, ou du Chardonnet; mot qui, au moyen-âge, était sinonyme de Chardonneret (4).

Mais, si nous remarquons qu'en 1553 une maison située dans cette rue était dite *sise en Chardonnet*, qu'au commencement du XIIIᵉ siècle il existait à Paris un terrain dit le Chardonnet, *Cardonetum*, que Guillaume, évêque de Paris, avait alors dessein de bâtir, et qui plus tard donna son nom a l'église Saint-Nicolas-du-Chardonnet (5), nous trouverons bien plus vraisemblable de voir dans le Chardonnet de Troyes une contrée demeurée longtemps sans culture et sans constructions. Enfin, dès le XVIᵉ siècle, cette rue était aussi désignée par le nom de la Hure. Une maison, appartenant en 1550 à Claude Lambey, et où pendait l'enseigne de la Hure, en donne l'étymologie.

Rue des Trois-Ormes.

Anciennement rue du Patriarche, noms dérivés de deux enseignes.

Rue des Trois-Ménétriers.

Cette rue, comme nous l'avons déja dit, a été ouverte aux dépens de l'hôtel et de la cour commune de ce nom, et a absorbé, en se poursuivant, la rue des Enfants-Sans-Souci, dont il ne reste plus que l'impasse.

En 1594, l'hospice Saint-Nicolas donnait a cens, à Edme Camusat, boucher, la maison où pendait l'enseigne de Enfants-Sans-Souci.

Rue des Trois-Godets.

C'était d'abord (1350) la *rue devant le chaufour* (four à chaux) *de Saint-Pierre.*

Elle devint la rue des Oiseliers.

Puis la rue de la Petite-Boucherie, après l'établissement de la tuerie.

Enfin, une maison appartenant à l'hôpital, où pendait pour enseigne les Trois-Godets, lui a valu son dernier nom.

Elle se termine au pont dit des Miracles.

On y trouvait le logis du Petit-Mouton.

Rue de Saint-Aventin.

On désigne ainsi, depuis 1851, la réunion de cinq rues se continuant de l'ouest à l'est, savoir : celles de la Pierre-d'Amour, de Lour-de-Bourg, du Soleil, des Trois-Merles et de Saint-Aventin, très-exactement placées dans le plan de M. Bouchier. Nous dirons quelque chose de chacune d'elles.

Au nom de Pierre-d'Amour, l'imagination se livre aux suppositions les plus romanesques. Serait-ce là le rendez-vous mystérieux de deux amants que la persécution a rendus intéressants? Serait-ce un monument élevé à la mémoire de l'un d'eux par celui qui a eu le malheur de survivre?

Il faut le dire, dans les recherches que j'ai faites, je n'ai rien trouvé qui eût le moindre rapport à cette supposition; mais j'ai trouvé qu'au moyen-âge ce mot d'*amour* était très-improprement employé pour désigner la débauche publique et les quartiers où elle s'exerçait. C'est dans ce sens qu'à Paris, la

rue si mal famée de Glatigny se nommait le Val-d'A-
mour; que la truanderie y avait son Puits-d'Amour;
qu'à Reims existait une rue d'Amour, et a Cambrai,
le Préau-d'Amour. Quand on fait attention avec
quelle facilité les noms sont défigurés par l'usage,
quand ils n'ont acquis aucun caractère officiel, on
ne verrait pas une grande distance entre le Préau et
la Pierre-d'Amour.

Telles étaient mes conjectures lorsque, dernièrement, M. Boutiot, à l'occasion d'une lecture faite à
la Société, de diverses lettres inédites du bon roi
Henri IV, fit connaître un personnage dont le nom
fournirait une explication encore plus satisfaisante :
il s'agit de Pierre Damours, conseiller au Parlement,
qui aurait été envoyé, après la réduction de la ville
de Troyes, en qualité d'intendant. Comme le déve-
loppement successif de l'Evêché a nécessité quelques
remaniements dans ce quartier, il est possible qu'à
cette occasion on ait fait la cour à l'intendant, en
substituant son nom à un plus ancien; puis le temps
aidant, le nom du grave conseiller de Henri IV sera
devenu la Pierre-d'Amour (6).

La rue de Lour-de-Bourg est une de celles qui
présentent le plus de variantes. On pourrait en pré-
senter ici une dizaine. Nous nous attacherons à la
leçon qui se présente la première, dès 1450, et qui
n'a disparu entièrement qu'au milieu du XVIIᵉ siècle, à savoir : *rue de l'Orde Boue.*

Dans le vieux langage français, l'adjectif *ord*, ou
orde, signifiait sale, puant En 1521, un frère visi-
teur de Clairvaux, passant à Saluces, qualifie ainsi
cette ville : « Saluces, cité vile et *orde* et mal fa-
» gottée (7). »

Avant le pavage, plusieurs rues de Troyes devaient autoriser une pareille qualification.

Les rue et cour du Soleil, la rue des Trois-Merles, rappellent des enseignes que les titres de ce quartier mentionnent fréquemment.

La rue Saint-Aventin a une origine plus sérieuse.

Saint Aventin étant mort vers le milieu du VIe siècle, l'évêque Vincent fit bâtir une église sur son tombeau. Cette église, devenue paroisse, formait l'angle au nord de la rue dont nous nous occupons.

Le savant Breyer, remarquant (8) que, dans un espace très-restreint, se rencontrent à la fois les sépultures de saint Loup (Saint-Martin-ès-Aires), de saint Vinebault et de saint Camélien, conjecture avec beaucoup de raison que le cimetière public s'y trouvait. Il faut entendre par là le cimetière des premiers Chrétiens, avant que l'usage se soit introduit d'enterrer autour des églises ; car, quant au cimetière païen, de nombreuses découvertes l'ont indiqué dans le quartier Sainte-Jule.

L'église de Saint Aventin, fermée depuis la Révolution, a été démolie il y a quelques années. Le plan ci-joint donne son emplacement exact.

Le dernier curé de Saint-Aventin a été M. l'abbé Fardeau, seconde victime, à Troyes, des excès révolutionnaires ; il fut massacré, en 1792, sur la place des Prisons, pour quelque résistance à des exigences soi disant patriotiques (9). Ses assassins ne furent point recherchés. Les honnêtes gens le plaignirent, blâmèrent son imprudence, se promirent bien de ne pas l'imiter, et se rencloîtrèrent dans leurs maisons et dans leur égoïsme.

Ruelle Breslay.

Cette ruelle, qui faisait face au cimetière de l'église Saint-Aventin, avait reçu, dans l'origine, le nom de Cuchot (1403), de certains marais du voisinage mentionnés dès le commencement du XIIIe siècle (10). Ce nom s'orthographia diversement : *Cuchaud, Cuissot, Cul-Chaud*, etc. Elle fut connue plus tard sous le nom de ruelle Breslay. Comme nous avons eu un évêque de ce nom, on doit y référer cette métaphore jusqu'à preuve d'une autre origine. Courtalon a le tort de donner sous ce titre deux ruelles au lieu d'une.

Rue des Guillemets.

Ce nom était porté par une famille dont plusieurs membres figurent dans les censives de Saint-Urbain. On l'a nommée aussi rue de Rioteuse; désignation commune au cours d'eau qui la limite au midi.

Rue du Bon-Pasteur.

Les censiers de Saint-Pierre mentionnent ici l'hôtellerie du Bon-Pasteur, dont l'enseigne représentait cette parabole. Au coin de cette rue et de celle Pierre-d'Amour, on voyait le logis de la Folie

Rues Grande et Petite-Courtine

Ce terme est du vocabulaire militaire : il s'entend, en matière de fortification, d'un passage couvert qui relie deux ouvrages avancés.

Nous avons démontré ailleurs que l'enceinte de la cité s'était arrêtée longtemps au cours d'eau de Jaillard (11), laissant en dehors le quartier de l'Isle.

Les fortifications qui la défendaient ont dû laisser sur le terrain des traces et des noms qui sont aujourd'hui sans explication.

Rue de la Ganguerie (1550).

Ce mot est une variante du mot *gaignerie*, ou *gagnerie*, qui, dans les dictionnaires du vieux français, signifie ferme, terres labourables, ce que nous autres, Champenois, nous appelons encore *gagnage*, d'où s'était formé le vieux mot *le gagneur*, pour désigner un laboureur.

Les gagneries figurent dans plusieurs coutumes, notamment dans celles de Poitou. M. Jaubert constate l'emploi de ce mot dans le centre de la France; et, ce qui rentre parfaitement dans l'objet de ce travail, il ajoute que très-souvent le mot *gagnerie* est demeuré attaché à certaines communes ou à certaines régions. La rue de la Ganguerie sera donc ce qu'on appelle, dans d'autres villes, la rue de la Ferme. Elle a porté quelquefois le nom de Courtine.

On y trouvait la cour de la Belle-Colette.

Par suite des nouveaux arrangements de 1851, la rue de la Ganguerie a absorbé la rue du Rognon, ou du Pont-du-Rognon (figuré au plan ci-joint), qui, à partir du pont, s'avançait jusqu'à la rue du Bon-Pasteur.

Nous ignorons l'origine de cette dénomination, qui ne paraît, du reste, déplacée dans le quartier de la boucherie.

Rue de l'Abattoir.

Nous avons vu précédemment que l'industrie de la boucherie s'exerçait, dans les anciens temps, dans le quartier de Croncels. En 1426, la ville acheta un terrain sur le canal de Jaillard, pour y placer ce qu'on appelait alors l'Ecorcherie, ou la Mascrerie, et ce qu'on a nommé depuis lors la Tuerie. Les bouchers et toutes les industries analogues sont venues alors se grouper autour de ce centre. Plus tard, quand certaines halles restèrent sans emploi par suite de la décadence des foires, la vente en détail de la viande y fut concentrée, et elles prirent le nom de Boucheries.

Un nouveau local va recevoir l'établissement de la Tuerie sous le nom d'Abattoir, dans des conditions plus favorables à l'hygiène publique. Cette amélioration en amènera sans doute une autre : celle de soumettre à la taxe une denrée de première nécessité. Ce ne sera du reste qu'un retour à un ancien et bon usage : avant 1789, la viande était taxée a Troyes (12).

Rue de l'Isle.

Dès le commencement du xiii⁰ siècle, ce quartier était appelé, à raison des cours d'eau qui l'entouraient, dans les actes publics (13), l'Isle de-Troyes, *insula Trecensis*. Ce nom se communiqua à l'ancien prieuré de Notre-Dame-en-l'Isle, aujourd'hui le Grand-Séminaire. Fondé vers 1222 par les chanoines du Val des-Ecoliers, il devint un prieuré simple, réuni à la manse abbatiale par l'évêque Bossuet, qui y plaça le Grand-Séminaire, sous la direction des prêtres de la Mission. Sous la Terreur, il servit de prison pour ceux qu'on appelait alors *les suspects*. Plus tard, il servit à caserner des prisonniers de guerre; il a été, en dernier lieu, rendu à sa première destination. La rue s'est appelée rue de l'Isle par les mêmes motifs.

Ce quartier de l'Isle, bien que dans une situation agréable, a toujours été, même aux époques les plus prospères, pauvre d'habitations et d'habitants. Le courant de la population se porte dans une autre direction, par cet instinct secret des masses, dont il est difficile de se rendre compte.

Nous aurions voulu dire sur cet article de la population quelque chose de moins vague que le chapitre que Grosley lui a consacré, mais les documents statistiques sont de pratique toute moderne, et faute de les prendre pour base, les appréciations variaient dans des proportions inimaginables.

Constatons néanmoins que, d'après un dénombrement officiel de l'an 1500, qui se trouve dans le Recueil de Dupuy (vol. 228-9), la population de Troyes était de 23,611, à quoi, ajoutant 3,019 pour Saint-Martin, le Pré-l'Evêque, la Vacherie et Preize, qui ne s'y trouvaient pas compris, on obtient 26,630. Ce chiffre s'éleva considérablement dans la deuxième moitié du xvie siècle, et dans la première moitié du xviie, sans pourtant que nous entendions garantir les 60,000 âmes que quelques personnes admettent libéralement à certaines époques. Nous serions trop embarrassé de les loger dans un périmètre qui est demeuré invariable.

Quoi qu'il en soit, les malheurs de la fin du règne de Louis XIV eurent des résultats désastreux. Dès 1695, on ne compte plus a Troyes que 18,198 âmes.

Plus tard, une heureuse réaction s'opéra : en 1766, Grosley nous apprend que les relevés des registres de toutes les paroisses de la ville donnaient un millier de naissances et de décès, et comme en 1856, les tableaux officiels pour Troyes, réunis à Saint-Martin, n'atteignent qu'une moyenne de 930 de naissances et de décès, il faut en conclure que, depuis cent ans, la population (qui est pour 1856 de 31,000) a subi une légère décroissance.

Rue de Jaillard.

C'est aussi le nom du moulin qui appartenait, avant la Révolution, au chapitre Saint-Pierre, et qui existe depuis 1320 au moins. L'origine de ce nom, comme de beaucoup d'autres, est une énigme que nous abandonnons a de plus habiles. On trouvait dans cette rue la cour Calais, et en face du moulin l'hôtel des Tournelles.

Rue de la Planche-Clément.

Le mot *plancha*, ou *planchia*, de la basse latinité, et le français planche, signifie un pont de bois, et habituellement de petite dimension. C'est dans ce sens qu'il est mis en opposition avec le pont proprement dit. Dans une charte de 1225, au cartulaire de Montiéramey, le seigneur de Chappes permet aux moines *facere pontem seu planchiam super fossatum*. M. Jaubert cite ce passage de quelque sirvente : *Si ai pour elle passé ponts et planches.* Les exemples de ce mot, pris dans cette acception, ne sont pas rares à Troyes : la Grande-Planche, les Planchottes, Planche-Quenat, etc. La rue a donc dû prendre son nom de quelque pont qui lui donnait issue au midi, peut-être de celui qui la reliait au cloître.

On l'appelait aussi la rue et le quartier des Huches, parce que le canal qui la borde était en partie occupé par des huches à poisson, fondées dans le lit même de la rivière, et qui se transmettaient dans les familles avec le caractère d'immeubles. L'observance plus régulière des jours d'abstinence, le grand nombre de maisons religieuses vouées à ce régime, rendaient nécessaires ces grands approvisionnements, que défrayaient les innombrables étangs aujourd'hui mis en culture.

Cette rue se terminait par une des portes de la ville, dans la direction du Pré-l'Evêque, encore figurée dans le plan de 1697. Elle s'appelait, en 1191, *porta deprato Episcopi;* dès 1304, porte de la Planche-Clément, qui alterna plus tard avec celui de porte de Chappes.

Le n° 43 et les propriétés voisines formaient, avant la Révolution, le vaste hôtel de la compagnie de l'Arquebuse, bâti en 1620; elle avait remplacé les arbalétriers, et avait occupé plusieurs emplacements : le dernier, appelé le Grand-Jardin, s'étendait depuis Saint-Gilles jusqu'au mail de Croncels. Les vitres de Linard Gonthier, qui ornaient la grande salle de l'Arquebuse, sont aujourd'hui conservées à la bibliothèque communale et au Musée; elles ont toute la perfection des miniatures, et excitent au plus haut degré l'admiration des connaisseurs.

L'Arquebuse s'appelait d'abord l'hôtel des Buttes. Ce nom s'est communiqué au canal qui coule en face. Quant au pont sous lequel passe ce canal, il s'appelait, au XVII° siècle, pont du Grand-Anneau.

Rue Neuve-des-Bains.

Depuis que les anciens bains publics de la cité avaient été délaissés ou détruits par l'incendie, rien ne les avait remplacés, et le besoin s'en faisait sentir.

Ce ne fut qu'en 1766 que M. Rousselet, chirurgien, en établit de nouveaux, avec un confort inconnu jusqu'alors, à l'extrémité et a gauche de cette rue. Cela fut regardé comme un grand événement ; les poètes le célébrèrent, et de grandes fêtes en solemnisérent l'inauguration.

Rue du Vert-Galant

Sous cette dénomination commune, on a réuni la rue du Vert-Galant, proprement dite, et la rue de la Crosse, qui, de la rue nouvelle de l'Evêché, s'avançait jusqu'au pont de la Crosse, ou pont Rognon, par dessous lequel passe le canal, avant de pénétrer dans les jardins du palais épiscopal.

La rue du Vert-Galant se nommait, dans les anciens temps, rue de la Poterie.

Elle a porté le nom de rue aux Prêtres, à cause du voisinage de l'eglise.

On l'a nommée, depuis, *rue de la tour du chapitre de Troyes* (1543), parce qu'on y trouvait encore, il y a une vingtaine d'années, à l'angle occidental de la rue de l'Evêché, une grosse et haute tour qui faisait partie de l'ancienne enceinte de la cité, et dont la construction portait des marques d'une antiquité très-reculée (14). D'anciennes notes nous apprennent qu'en 1538, des cigognes nichaient depuis plusieurs années sur cette tour.

Ces oiseaux ont abandonné nos contrées.

Enfin le nom de Vert-Galant a prévalu.

L'hôtellerie du Vert-Galant était située à droite, après l'ouverture de la rue Saint-Denis, sur laquelle s'appuyaient les derrières de l'hôtel ; le logis de l'Hermitage venait après.

L'enseigne du Vert-Galant existait également à Rouen ; le *Magasin Pittoresque* en a donné la figure : elle représente un jeune et beau cavalier habillé de vert, présentant à boire. La chanson de Henri IV donne la véritable signification de ce mot.

La rue de la Crosse est exactement figurée dans le plan de 1839, par M. Bouchier.

Elle avait pris ce nom de la maison de la Crosse, dépendant de l'Evêché, mais formant une résidence a part. On trouve dans les actes du temps, qu'en 1483 l'évêque Jacques Raguier avait fait bâtir de belles galeries entre les deux habitations, et fait établir une belle fontaine dans les jardins, par un ingénieur nommé Marc, qui refit alors les orgues.

En 1559, les caves et vinées du maisonnement de la Crosse s'ouvraient sur cette rue, ainsi que la fenêtre *où l'on vendait le vin de l'évêque.*

Ce détail rappelle un usage qui remonte à une haute antiquité : celui de la vente en détail des vins par leurs propriétaires eux-mêmes.

A Rome, Aurelien faisait vendre à bas prix, dans le temple du Soleil, le vin de ses domaines, *fiscalia vina,* afin, dit son biographe, que le peuple puisse se divertir à bon marché, *ut facilius mentis curæ solverentur.* Au moyen-âge, nos rois faisaient annoncer le débit de leur vin dans les rues et carrefours par les crieurs jurés. Ceux-ci formaient une communauté nombreuse avec de beaux privilèges ; ils suppléaient aux affiches, journaux et autres moyens de publicité d'invention moderne; convoquaient aux assemblées de ville, aux montres militaires, aux obsèques, aux fêtes, etc.; annonçaient toutes marchandises à vendre. Quand il s'agissait du vin du Roi, ce n'étaient pas quelques suppôts isolés qui remplissaient cet office, c'était le corps tout entier, en costume, précédé de trompettes et hauts-bois; toutes autres annonces de même genre demeuraient suspendues.

A Dijon, quand les religieux de Saint-Bénigne faisaient annoncer le débit du produit de leurs récoltes, le crieur était revêtu d'un surplis. Toute autre annonce était suspendue.

A Troyes, dans beaucoup d'autres villes, les propriétaires, même ceux appartenant aux classes les plus distinguées, faisaient vendre, par d'anciens domestiques, dans quelque caveau dependant de leur hôtel ou dans des vinées éloignées, leur vin à emporter; comme ils en récoltaient beaucoup, c'était un de leurs meilleurs revenus.

On a pu voir encore, il y a quelque vingt ans, le crieur gourmet chiant le crû du vin, son prix, son adresse, muni d'une bouteille et d'une tasse d'argent, dans laquelle les amateurs étaient invités à le déguster.

Ces sortes de ventes étaient vues sans défaveur, à la différence du cabaretier ou tavernier chez qui l'on consommait. Celui-ci était frappé de lourds impôts, l'autre en était presque exempt; l'un avait action en justice, on la refusait à l'autre (15): excellente distinction qui ne saurait jamais être assez marquée et assez recommandée, et qui constitue un des plus

puissants moyens d'améliorer le sort du peuple.
Car, il faut le dire et le répéter bien haut, la misère,
les mauvais ménages, la perte de la moralité et de
la santé, tous ces maux sont la conséquence plus
ou moins directe de la fréquentation du cabaret.

Rue de l'Evêché.

Cette ruelle portait autrefois le nom de ruelle de
l'Officialité, parce que le siège de cette juridiction
était dans la maison qui forme l'angle de la place.

Place Saint-Denis

Au centre de cette place s'élevait, avant la Révolution, l'église de Saint-Denis entourée de son cimetière. En 1146, cette paroisse n'était pas encore réunie à la ville, et formait ce qu'on appelait le *bourg
Saint-Denis*, nom commun à plusieurs rues de ce
quartier, d'après les anciens titres. Elle devint la paroisse des bouchers, dont plusieurs y avaient fait
de riches fondations. Si on en juge par quelques
chapitaux d'une rare élégance, dont les plâtres sont
conservés au Musée, l'église, de style roman, devait
avoir une grande valeur artistique. On arrive à cette
place, à partir de la rue du Vert Galant, par la rue
Saint Denis, qui se terminait autrefois à la place, et
dont le prolongement, le long de ladite place, s'appelait rue du Violain ; au couchant, l'église s'ouvrait
sur la rue Chantereine (*cantus ranarum*), nom qui se
rencontre fréquemment employé dans les localités
marécageuses ; derrière le chœur était la rue du Sac,
véritable impasse qui doit son nom à cette circonstance ; le midi était occupé tout entier par le pres-
bytère.

Rue des Trois-Petits-Ecus.

On la trouve souvent désignée, comme la suivante, sous le nom de rue de la Montée, ou rue de la Montée-Saint-Pierre.

Elle partageait, avec la rue du Flacon, le sobriquet de *rue des Malheureux,* parce que les condamnés, conduits au quartier haut pour être suppliciés, suivaient cette ligne. Le carrefour qu'elle forme, avec la rue du Flacon, s'appelait de même.

L'hôtel des Trois-Petits-Ecus, qui a succédé à celui du Petit-Mouton (n° 9), lui a valu son dernier nom.

A son extrémité, au midi, s'élevait une des portes de l'enceinte primitive ; on la nommait, dans les derniers temps de son existence, la porte Jaulne. Un hôtel du même nom terminait la rue à droite, ayant de vastes jardins.

Rue de la Montée-Saint-Pierre.

Cette rue conduit à la place ou parvis Saint-Pierre. Un vaste hôtel, connu aujourd'hui sous le nom d'hôtel du Petit-Louvre, flanqué d'une tourelle formant l'angle des deux rues, y débouche par une porte très-élégamment sculptée. C'était autrefois l'hôtel de la Montée. Henri de Poitiers, mort en 1370, est annoncé dans l'exécution de son testament comme étant décédé *in suo hospitio dicto* de la Montée. Odard Hennequin l'a sûrement habitée, car le heurtoir en bronze de cette porte, au nord, reproduisait ses armes. Le travail en était très-délicat, ce qui lui a valu d'être reproduit par le moulage, et de figurer dans le cabinet des amateurs. Dans le commencement de ce siècle, ces vastes bâtiments ont été longtemps occupés par les diligences de Troyes à Paris, et par la poste aux chevaux.

On nommait ces voitures des diligences, parce qu'elles faisaient le trajet en vingt-quatre ou trente heures ; quelle expression la langue nous fournirait-elle pour expliquer la célérité des chemins de fer, qui ne mettront bientôt que trois heures ! Mais elles méritaient ce nom et constituaient un véritable progrès, si on les compare à ce qu'elles avaient remplacé. N'oublions jamais, quand nous serons tentés de montrer quelqu'impatience pour un retard de quelques minutes, qu'aux termes de l'article 92 de l'ordonnance de police de décembre 1668, dont l'exécution laissa beaucoup à désirer, les coches ou carrosses publics devaient se rendre à Paris en trois jours l'été, en quatre l'hiver, pour 9^{tt} à 7^{tr} 10^{s}, suivant les places ; qu'en 1757, ces carrosses en étaient encore à partir le dimanche matin, à huit heures, pour arriver dans la soirée du mercredi.

Aussi, tout le monde n'allait pas alors à Corynthe, c'est-a-dire à Paris. Il n'y a pas cinquante ans qu'on comptait dans la bourgeoisie de Troyes, et parmi les gens d'affaires les plus occupés, un grand nombre de personnes qui n'avaient jamais fait ce voyage.

Quant a passer la frontière pour un voyage d'agrément, ceux qui en revenaient, comme notre Grosley, étaient désormais des personnages à part, qu'on entourait de considération mêlée d'envie, et qui sentaient toute leur importance. Ils portaient souvent le reste de leur vie le surnom du pays qu'ils avaient visité, comme les grands hommes de guerre portent le surnom de leurs conquêtes.

Le service des postes a été distancé dans une proportion bien plus incroyable, si nous comparons la transmission instantanée des dépêches aux anciens usages et procédés. Le régime féodal, en morcelant les territoires et fractionnant l'autorité, avait anéanti ce qui pouvait rester de l'établissement romain des stations et des *cursores publici*. Pendant fort longtemps, les nouvelles ne parvenaient aux villes et aux délégués du pouvoir que par des courriers envoyés pour chaque affaire. Il en était de même pour les relations de ville à ville. Il fallait non-seulement payer les envoyés, mais les défrayer, ce qui faisait un lourd fardeau pour les budgets. Quant aux besoins des particuliers, il n'en était pas question.

Plus tard, l'Université de Paris obtint des priviléges pour des messageries correspondant avec les principales villes du royaume. Ce service, d'abord limité aux correspondances et aux effets des écoliers, s'étendit peu a peu au-dela de ce cercle.

Les villes en vinrent enfin à établir elles mêmes des messagers privilégiés, non sans avoir quelques luttes à soutenir avec le monopole de l'Université. Nous voyons, par les ordonnances de police, rendues entre 1602 et 1659, qu'il existait alors à Troyes trois messagers chargés de transporter à Paris les lettres et paquets; les principaux articles de leur tarif étaient :

Pour une lettre, 1 *s* ;

Pour plusieurs, 2 *s*, jusqu'à 6 onces ;

Pour deux sacs de procès, 9 *lt* ;

6 deniers par écu ;

Pour autre paquet, 18 deniers par livre ;

Pour une douzaine d'andouilles, 12 ʳ 6ᵈ.

Odard Hennequin avait fait la réputation de ces andouilles, et en envoyait souvent en cour.

La ville de Troyes ne négligeait pas ce moyen d'influence, et dans le compte, pour l'année 1675, on trouve une dépense de 450 ᵗᵗ pour langues et andouilles adressées à diverses personnes de qualité.

Ces messagers, que la poste a fait disparaître, devaient, d'après leur règlement, distribuer les paquets à domicile ; mais ils étaient d'une lenteur désespérante, malgré de fréquents rappels, de sorte que les impatients se transportaient au lieu d'arrivée pour lire plutôt leur correspondance ; ils en faisaient part à leurs amis, a charge de revanche, et cette lecture en plein air, ces échanges de nouvelles, occupaient très-agréablement les oisifs.

Le savant Huet nous raconte que ce fut un usage semblable qui donna naissance à l'Académie des belles-lettres de Caen, en 1652 :

« C'est une vieille coutume, dit-il (16), à Caen
» comme dans la plupart des autres villes et an-
» ciennes et modernes, que les honnêtes gens sans
» emploi s'assemblent en quelque place de la ville
» pour se voir et s'entretenir des affaires publiques
» et des leurs particulières. Caen a retenu constam-
» ment cet usage de temps immémorial, et le carre-
» four de Saint-Pierre a toujours été le lieu de ce
» rendez-vous · le concours y était plus grand au
» lundi, jour auquel la poste, qui est devenue de-
» puis plus fréquente, apportait les lettres du dehors
» et la gazette. Plusieurs personnes curieuses se trou-
» vant dans cette place pour avoir le plaisir de cette

» lecture, et la rigueur du temps les incommodant
» quelquefois, M. de Brieux leur offrit sa maison,
» située dans la même place ; on l'accepta, et ce fut
» le berceau de l'*Académie*. »

Place Saint-Pierre.

Nous renvoyons pour la description de la basilique à la monographie de M. Arnaud.

En l'an II, elle était devenue le temple de la Raison, et la place s'appelait place de la Liberté.

Jamais qualifications n'ont été plus amèrement
dérisoires ; car c'est alors que ce lieu saint était pro-
fané par des saturnales où le grotesque le disputait à
l'odieux ; c'est alors que l'instrument du supplice
était installé sur la place comme un moyen perma-
nent de terreur.

Notons qu'en 1814 le roi de Prusse et son fils
ont occupé la maison n° 8.

Rue du Cloître-Saint-Étienne.

Dans les temps anciens, notamment au commen-
ment du IXᵉ siècle, la plupart des collèges de chanoines vivaient, comme les moines, en communauté ;
mangeaient dans le même réfectoire, couchaient
dans le même dortoir. Leur cloître formait une dé-
pendance immédiate de leur église ; mais, plus tard,
la rigueur des règles s'étant relâchée, le cloître à
leur usage fut entendu dans un sens plus large. On
se borna à leur assigner un quartier spécial où ils
vivaient à l'abri de tout contact compromettant : on
n'y admettait que les personnes nécessaires à leur
service. Le cloître était fermé à certaines heures.

Toute contravention était poursuivie par le prévôt ou le promoteur. On trouve plusieurs exemples de ces procédures dans les mémoires historiques de Grosley. Telle est l'origine du cloître Saint-Etienne. Il fut donné à cette église, par le comte Henri, que ses sujets nommaient, à si bon droit, Henri le-Large, et que Guillaume de Tir appelle *vir magnificus.*

Dans la charte de donation de 1157, au milieu d'une foule de possessions territoriales et de droits de toutes sortes qu'il accorde a Saint-Etienne, on trouve cette disposition : *Concedo igitur prædictæ ecclesiæ claustrum tam quietum et liberum quam et ipsa ecclesia.*

« Je leur concède un cloître où ils jouiront de la » même liberté, de la même tranquillité que dans » leur église même. »

Ce terrain se trouvait alors en dehors de l'enceinte de la ville, et Camusat remarque avec raison que s'il en eût été autrement, le prince n'aurait pas pu doter ses chanoines de demeures et de dépendances d'une pareille étendue

En 1510, un cours d'eau traversait le Cloître (17), réunissant le ru Cordé au canal de la Planche-Clément.

Quai de Saint-Etienne.

Ce quai tout entier a été pris sur les jardins du cloître, qui ont fourni une partie du lit du bassin.

Place du Préau.

Cette surface si unie de terre et d'eau qui se déploie aujourd'hui sous nos yeux était, en 1789, couverte en grande partie d'édifices six fois séculaires, qui rappelaient les plus grands souvenirs.

Là était le centre de la domination des comtes de Champagne, le chef-lieu de leur justice, les témoignages les plus éclatants de leur piété et de leur libéralité. Vivants, ils y tenaient une cour splendide, entourés de leurs grands vassaux; après leur mort, ils y reposaient dans des tombeaux magnifiques, où les arts avaient déployé toutes leurs ressources.

Il est bien difficile aujourd'hui, sur cette table rase, de donner une idée de la disposition première. Nous essaierons de le faire, en prenant pour point de départ un édifice dont l'assiette n'a pas varié.

Nous nous plaçons donc en face de la porte de l'hôpital; nous remplaçons en idée le quai des Comtes par le cours d'eau qui baignait les murs de l'hôpital avant l'établissement du canal; nous supposons qu'il se prolonge, au milieu du bassin, dans une largeur d'environ dix mètres, pour aller sortir de la ville, en face du pont de Jully. Nous rétablissons ainsi l'ancien ru Cordé, qui nous servira de repère.

En quittant l'Hôtel-Dieu, le ru passait immédiatement sous le pont de la Salle, construit un peu au levant du pont actuel; il côtoyait ensuite par derrière, et dans le sens de sa longueur, le palais des Comtes, bâti vers le xiie siècle, démoli en 1806. M. Arnaud l'a décrit et figuré. Après avoir servi de résidence à nos Comtes, il devint *la salle du Roi*, en prenant le tout pour la partie dans le même sens, qu'on appelait, à Paris, *la salle au Comte*, l'hôtel du comte de Dammartin, qui donna le nom à une rue. C'est dans la grande salle de ce palais que se tint souvent la cour des barons, dont les décisions ont formé la première coutume de Troyes. C'est là que se tinrent, sans exception, les assises des grands jours jusqu'à leur abolition sous Henri III. Les hauts commissaires qui composaient cette cour avaient un pouvoir égal à celui du Parlement, de sorte que les affaires de Champagne pouvaient passer au besoin pour être mises à fin d'une juridiction à l'autre.

Quand les guerres civiles ou étrangères désolaient la France, ces grands jours se trouvaient forcément ajournés. En voici un exemple tiré des registres du Parlement (18), du 25 août 1408 :

« Ce jour fut défendu par le chancelier aux char-
» retiers de Troyes qui avaient chargé sur leurs chars
» deux queues pleines des procès de Champagne
» étant céans pour mener à Troyes, et plusieurs au-
» tres queues et poinçons pleins d'habillemens et
» besognes tant des seigneurs de céans que des avo-
» cats et procureurs du Parlement qu'ils ne par-
» tissent, jusqu'à ce qu'ils eussent d'autres nou-
» velles, car l'on disait que le pays de Champagne
» était garni de gendarmes. »

Avant 1789, les juridictions du bailliage, du pré-sidial, de l'élection, de la police, des eaux et forêts et autres, siégeaient au palais.

A la suite du palais, le ru Cordé côtoyait le Préau-aux-Duels, qu'il ne faut pas confondre avec le Préau-Saint-Etienne.

Ce terrain était à l'origine un terrain vague de un arpent et demi, où les comtes de Champagne ou-vraient la lice aux champions des combats judi-ciaires. Ces épreuves avaient lieu sous les yeux des Comtes, entourés de leur cour, et il est à croire que leur sage intervention en prévenait les plus grands abus.

Ce terrain était limité par la façade méridionale du palais, le ru Cordé, les jardins du cloitre et le Préau, proprement dit. Sa position est bien marquée dans le plan de 1747.

En 1641, Louis XIII en fit don à l'abbaye de Notre-Dame; mais déja le concierge du palais en avait converti une partie en jardin, et les Jacobins en avaient agrandi le leur à un autre aspect.

De ce qui vient d'être dit, il est facile de déduire l'emplacement de l'église de Saint-Etienne, puisqu'elle faisait retour d'équerre au levant avec le palais des Comtes dont elle était la chapelle.

Elle était en communication avec cette partie du palais; de leur tribune, ils pouvaient assister aux offices. La tradition rapporte que, souvent, au moyen d'un escalier à vis, ils descendaient au chœur, se plaçaient au lutrin et chantaient les louanges de Dieu. Cette église était l'objet particulier de leur affection et de leur libéralité.

En 1787, une ordonnance du Roi avait supprimé les chapelles de cette nature. Mais lors de la convocation des Etats généraux, les trois ordres du bailliage de Troyes furent unanimes pour demander, dans leurs cahiers, le maintien de Saint-Etienne Les termes dans lesquels est conçue la réclamation méritent d'être rapportés (art. 24 du cahier) :

« La noblesse, y est-il dit, en faisant cette récla-
» mation, ne peut oublier que le palais dans lequel
» elle délibère, fut celui de ses anciens souverains ;
» que la mémoire des bienfaits dont ils ont comblé
» la province et la ville de Troyes, les rend présents
» en quelque sorte à ses délibérations, et que ce sont

» eux qui la sollicitent de veiller à l'exécution de
» leurs dernières volontés. »

Plus tard, quand les temps devinrent plus mena-
çants, les citoyens de toutes les classes formulèrent
des pétitions dans le même sens; mais le tout en
vain. Le 27 février 1792, les restes des Comtes furent
exhumés et transférés à la cathédrale avec un céré-
monial digne de l'époque (19), et bientôt après, les
tombeaux, les châsses, les objets du culte furent bri-
sés, pillés ou brûlés, et il ne resta pas pierre sur
pierre de la chapelle des Comtes.

Revenant au pont de la Salle, il nous reste à par-
courir ce qu'on appelait autrefois la rue de la Poterne, puis de la Salle, puis, en dernier lieu, de la
Cave Percée, et qui, suivant la direction du mur
actuel de l'hôpital, allait aboutir à la rue du Vert-
Galant (voir le plan ci-joint).

La ligne de maisons qui la bordait au nord s'appuyait dans tout son parcours sur un terre-plein qui
était le dernier vestige de l'enceinte gallo-romaine à
cet aspect. Ce terre-plein est représenté par le mur
de soutenement actuel. Le nom de la Poterne s'explique assez bien par la présence de ces fortifications.

Celui de la Salle a été justifié plus haut.

Quant à celui de la Cave Percée, M. Arnaud en a
donné l'explication que voici :

« A côté d'une grange en pierre qui faisait l'an-
» gle de la rue des Trois-Petits-Ecus, se trouvait la
» prison du Chapitre, fermée de portes en fer, éclai-
» rée par d'étroites lucarnes garnies de barreaux.

» Au-dessous de cette prison était l'entrée d'une

» cave aujourd'hui détruite   nue sous le nom de
» *Cave-Percée*. Elle était curié   voûtée en ogive,
» composée de plusieurs gale   parallèles, avec
» une infinité de caveaux qui en faisaient un véri-
» table labyrinthe. Elle régnait sous le terre plein
» de l'ancien rempart, dans une grande étendue.
» Elle avait donné son nom a la rue qui lui était
» parallèle, et appartenait au chapitre de Saint-
» Étienne. »

L'autre côté de cette rue était borné par la façade
latérale du palais, par la place qui en formait l'abord
et par une île de maisons qui en dépendait, et où lo-
geaient les grands feudataires et les pairs du comté,
venant à Troyes.

Un de ces hôtels avait été la résidence des baillis
jusqu'en 1560. A cette époque, François II en fit
don en tous propres au seigneur de Saint-Phal, alors
bailli, pour services exceptionnels rendus au roi son
père.

La place du Préau et la rue de la Cave-Percée se
nommaient, en 1793, rue et place de la Concorde.

Rue du Grand-Cloître-Saint-Pierre.

Nous ne répéterons pas ici ce que nous avons dit
ailleurs sur les cloîtres des chanoines. Celui-ci comprenait, dans sa justice, l'île tout entière formée
par les rues du Grand et Petit-Cloître et la rue de
Molesme.

Celle dont nous nous occupons, a partir de la
rue des Tournelles, s'est aussi appelée rue des Cochons (20).

Ce nom lui venait d'un bas-relief en pierre qui se

trouvait encastré dans le mur de clôture de la maison faisant angle au nord de la rue des Tournelles.

Il représentait un personnage vêtu du sagum, tenant à la main un instrument d'une forme indécise, avec lequel il abattait les fruits d'un chêne occupant le milieu du plan. Autour de l'arbre se groupaient un levrier et des cochons de diverses grosseurs. Au-dessus de ce morceau et au-dessous du larmier, on avait encore vu engagées dans la maçonnerie deux têtes formées de la même pierre, dans le même style, représentant Jupiter et Cérès avec leurs attributs. Plusieurs dalles en granit rouge, mêlées avec le pavé dans cette partie de la rue, semblaient avoir eu une autre et plus noble destination.

Plusieurs savants, M. de Montabert, M. Visconti, voyaient dans cette scène champêtre un des mythes du culte de Cérès, à laquelle le cochon était particulièrement consacré. D'autres y voyaient tout simplement un des tableaux de la vie de l'enfant prodigue. Vers 1839, le mur ayant besoin de réparation, le bas-relief fut brisé et employé par les maçons. La Société Académique, prévenue trop tard, ne put le sauver; mais elle eut soin d'en recueillir un dessin fidèle, et de le reproduire dans ses Mémoires (21). Les débats sur cette question pourront donc se continuer en connaissance de cause.

L'auberge où descendaient les marchands de Genève, pendant les foires, était située dans cette rue, derrière Saint-Loup.

Rue du Petit-Cloître-Saint-Pierre.

Le côté droit de cette rue est occupé en grande partie par l'hospice Saint-Nicolas, un des plus anciens du diocèce, qui fut fondé par le Chapitre de la cathédrale. Plus loin, du même côté, se trouvait l'hôtel des moines de Larrivour, abbaye de l'ordre de Cîteaux, commune de Lusigny, qui occupait un vaste emplacement.

Le plan de 1747 (1697) indique ici, sous le n° 27 de la légende, *la chapelle de l'Assomption, monastère de filles,* dont il n'est fait mention dans aucun de nos historiens. Il en donne même l'élévation dans des proportions fort modestes. Je sais que l'auteur de ce plan, Parisot de Nismes, ne mérite pas toute confiance pour certains énoncés de ses légendes; mais du moins pour la disposition topographique, et jusqu'à un certain point pour le relief des monuments, il est très-satisfaisant.

Voici quelles sont mes conjectures :

Il est constaté qu'en 1474 l'abbé de Larrivour fit édifier, dans sa succursale urbaine, une chapelle qui probablement servit de paroisse aux habitants les plus rapprochés, comme cela se passait pour plusieurs établissements religieux. On sait encore que l'église de l'abbaye, à Larrivour, était sous l'invocation de la Mère de Dieu. Il est naturel de penser qu'il en a été de même pour Troyes. C'est là ce que l'auteur du plan a pris pour un monastère de filles.

Rue de Molesme.

La partie nord de cette rue était occupée par une succursale de l'abbaye de Molesme, diocèse de Langres. On l'a aussi nommée rue de Larrivour, parce que l'hôtel de ce nom y faisait retour.

Rue des Tournelles.

Cette rue tire son nom d'une vaste maison que nous avons déjà signalée à l'occasion du bas-relief de la rue du Grand-Cloître. En 1471, elle s'appelait l'hôtel des Tournelles, ou des Tourelles (car ces mots sont synonymes dans l'ancien langage); elle était alors maison canoniale.

Rue de Crémone.

La ville de Crémone était une des villes d'Italie dont les marchands fréquentaient les foires de Troyes. Quelques-uns s'y étaient même fixés, et remplissaient des emplois de finance en 1256. Colin *de Crémone* avait pris à fief, du comte de Champagne, « le quart » du tonlieu des maisons où vendent à Troyes les » marchands de Châlons, d'Abbeville, d'Avesnes et » de Corbie, et en outre les droits sur les toiles de » Lorraine et de Bourgogne. » On exceptait les toiles de Reims et de Dijon (22). Il n'y a pas à douter que les marchands de Gênes fréquentassent également nos foires. Un Aldobrandin, médecin, *physicus*, de Gênes, fixé à Troyes, figurait parmi les bienfaiteurs de la maison des Antonins, au faubourg Saint-Martin.

On voit dans cette rue les restes de l'église et du prieuré de Saint-Quentin. C'était, dès la fin du VIIe siècle, une abbaye de filles, à laquelle saint Frobert avait donné une règle, et qui fleurissait sous sa direction.

L'église Saint-Quentin possédait des reliques de ce saint. On avait surtout recours à son intercession pour les hydropiques et les pélerinages abondaient. Pendant bien longtemps, on se contenta des offrandes volontaires, mais on arriva à cette époque où bien des ministres de la religion se permirent ou tolérèrent des abus dont on rendit la religion elle-même responsable, et qui fournirent prétexte au schisme déplorable qui a divisé l'Eglise.

En 1490, on en était arrivé à peser les hydropiques qui se présentaient à Saint-Quentin, de manière à ce que l'autre plateau portât un poids égal de toile, poupée, cire et autres denrées. Des plaintes s'élevèrent et parvinrent jusqu'au Souverain Pontife Innocent VIII. Il proscrivit ces exactions, et comme la collégiale de Saint-Urbain possédait quelques reliques du même saint, les malades durent s'y adresser à l'avenir.

Rue Saint-Lambert.

Le 17 septembre 1590, jour de la Saint-Lambert, un parti royaliste tenta sur la ville de Troyes un coup de main qui échoua par la défense vigoureuse des habitants. L'assaut fut donné et les échelles dressées sur les remparts au nord de la ville.

Avant la démolition de ces remparts, dans ces dernières années, on voyait sur la face méridionale de la tour Charlemagne, non loin du théâtre de l'escalade, une petite statue en pierre, de saint Lambert, placée dans une niche.

Bien qu'on lut au-dessous le millésime 1637, la tradition voulait que cette espèce d'*ex-voto* s'adressât à la mémoire du fait que nous venons de rapporter. Ce nom a dû naturellement s'étendre à l'une des rues les plus voisines et qui monte au rempart.

Resterait à savoir comment on la nommait avant 1590. Nous sommes très-tenté de placer en cet endroit une rue de Panais, mentionnée dans plusieurs titres, qui était voisine du pont de Nervaux et de la Poterne-de-Saint-Quentin.

Rue du Petit-Chaillouet.

De la rue de Molesme, près la rivière, à la rue précédente. Le quartier de Chaillouet, ou de Chaloel (1240), est situé en dehors de la ville. Il s'étend depuis les moulins Brûlés jusqu'au faubourg Saint-Jacques; il avait donné son nom à une porte de ville qui s'ouvrait dans cette direction et par suite à la rue qui venait y aboutir. Rue du Petit-Chaillouet est là pour Petite-Rue-du-Chaillouet.

Rue de Nervaux.

En 1409, on la désignait ainsi : *rue qui est devant les molins de la tour par laquelle on va à la porte de Challoël.*

Depuis, elle s'est nommée rue de Boulaige, ou Boulage, ce qu'elle a dû à un hôtel de ce nom élevé en face des moulins.

Le nom de Nervaux a succédé et a prévalu.

Grosley, à l'occasion de son Vocabulaire troyen, disait :

« Le Troyen ne s'est nulle part perpétué aussi
» heureusement que dans le quartier de Nervaux.
» Ce quartier, habité par d'anciennes races de vi-
» gnerons, retranché de tous côtés par la Seine ou
» les remparts, est comme un sérail où notre langue

» a conservé sa pureté primitive, à l'abri des at-
» teintes du dehors. »

Si Grosley revenait aujourd'hui, je doute qu'il trou-
vât, même à Nervaux, quelque fidèle pour parler cette
langue avec lui. Les écoles primaires y ont mis bon
ordre. Le sanctuaire a été envahi, le troyen est passé
à l'état de langue morte; mais grâce à Grosley, il nous
en reste la syntaxe et le dictionnaire.

Rue Saint-Loup.

On comprend sous ce nom, depuis 1851, deux
rues jusqu'alors bien distinctes, celle de Saint-Loup,
proprement dite, et celle du Chapeau-Blanc.

La première tire son nom de l'ancienne abbaye
royale de Saint-Loup, établie en cet endroit vers la
fin du ix⁰ siècle.

Lors de la Révolution, son église, remarquable
par son clocher et sa sonnerie, fut démolie; elle se
trouvait à gauche de l'entrée du couvent. La maison
abbatiale et ses dépendances, qui s'étendaient jusqu'à la rue des Tournelles, furent vendues et divi-
sées. La rue Girardon a été établie aux dépens de
cette partie. Quant aux lieux réguliers, les étages
supérieurs furent appropriés pour recevoir les dé-
pôts de livres provenant des maisons religieuses
supprimées, auxquels d'autres fonds furent ajoutés.
Il en résulta la Bibliothèque de Troyes, une des plus
considérables après celles de la capitale (23). Les
salles du rez-de chaussée servirent aux exercices de
l'Ecole centrale aussi longtemps que dura cette éphé-
mère organisation. Depuis, elle a reçu un autre établissement qui promet d'être plus durable; nous

voulons parler du Musée qui, vers 1830, y fut fondé par la Société Académique de l'Aube. Celui-ci, en effet, n'éprouve d'autre obstacle à son progrès que l'impossibilité matérielle d'y loger et d'y disposer les richesses qu'on lui adresse ou qu'on lui destine.

Depuis 1725, la justice de l'abbaye avait son prétoire à gauche de l'église. Elle s'étendait sur plusieurs paroisses rurales et s'appelait la *grande mairie de Saint-Loup.* Cette modeste juridiction eut au milieu du dernier siècle la bonne fortune d'être représentée par un personnage qui n'aurait pas été au-dessous des premiers emplois de la magistrature, par l'académicien Grosley, auteur des *Recherches pour servir à l'histoire du Droit français.*

« J'acceptai alors, dit-il dans ses mémoires, la » grande mairie de Saint-Loup, le bailliage de » Chappes et celui de Vauchassis, où dans le temps » même où j'étais le moins pécunieux j'ai constam- » ment jugé les procès de rapport à vingt-quatre » sols d'épices. »

» Ces bailliages convenaient aussi à l'arrangement » que je m'étais fait pour ma santé, par l'occasion » qu'ils me fournissaient de courir les champs à pied » lorsque je m'apercevais que le trop long séjour dans » mon cabinet dérangeait la circulation des humeurs » et du sang. Ces voyages, où je faisais quelquefois » cinq ou six lieues à pied dans la même journée, » rétablissaient l'équilibre, et c'est l'unique remède » dont j'ai usé jusqu'à présent. »

Au cours du xvie siècle, cette rue se nommait aussi rue du Chauderon, c'était l'enseigne d'une hôtellerie située à droite du couvent et dont celui-ci fit l'acquisition vers 1650.

La rue du Chapeau-Blanc commençait à la rue Hennequin. Elle portait ce nom dès 1569; mais antérieurement, elle était appelée rue de l'Orme.

Nous serions fort autorisé à expliquer ce dernier nom comme le premier par la présence d'une enseigne comme nous l'avons fait à bon droit pour la rue des Trois-Ormes, mais peut-être aussi en faut-il rechercher l'origine dans un ancien usage dont nous dirons quelques mots.

A l'instar des Romains, dont la plupart des actes civils s'accomplissaient sur la place publique, *in foro*, toutes les affaires importantes de la société du moyen-âge se traitaient à ciel ouvert. Les débats judiciaires et les jugements, autrement dit les plaids, les obligations, les inféodations, étaient véritablement des actes publics, non pas de cette publicité nominale qui se renferme aujourd'hui dans le cabinet d'un notaire, mais de cette publicité effective qui avait pour témoins les habitants d'une paroisse.

Comme il fallait convenir d'un lieu spécial, et peut-être aussi pour se défendre des intempéries, quand un local couvert manquait, quelqu'arbre séculaire servait de point de réunion. C'était quelquefois le chêne de saint Louis. C'était le plus souvent un orme, ou comme on disait alors un *ormel*.

On y tenait les assemblées générales, on y procédait aux adjudications, on y payait certaines redevances, selon la convention insérée aux titres; et ce n'était pas seulement dans les communes rurales que cela se passait, c'était aussi dans les cités dont la population encore peu pressée laissait de grands espaces libres. C'est surtout du IXe au XIIIe siècle qu'il est souvent fait mention de cette particularité. Nous allons en donner quelques exemples.

En l'année 1045, l'archevêque de Sens Mesnard fut chargé d'accommoder un grave différend entre un chapitre et un seigneur haut-justicier ; il réunit sous l'orme toutes les parties litigeantes, *ad ulmum convenimus*.

En 1094, l'évêque de Nevers, ayant à procéder avec ses chanoines au partage des enfants d'un homme de main morte, commença par prendre séance sous son orme, *sub ulmo suâ consedit*, et prononça en présence de vingt témoins, dont on donne les noms, et d'une foule d'autres (24).

On connaît à Paris l'orme de Saint-Gervais, qui joua le même rôle, et qui existait encore en 1751. Depuis, il passa sur une enseigne du voisinage. Ne pourrait-il pas en être de même dans le cas qui nous occupe au regard de l'abbaye dont on a vu que dans le dernier état de choses le prétoire était à quelques pas de là ?

Rue Hennequin.

Le parcours désigné depuis 1851 par le nom du fondateur de notre première bibliothèque publique était alors divisé en deux parties : la première, de l'ouest à l'est, jusqu'à la rue de Rome, se nommait rue du Chant-des-Oiseaux, et l'autre s'intitulait rue des Carreaux ; nous en parlerons successivement.

Dans les premières années du XIIIe siècle, le quartier dont nous nous occupons était appelé la *Juerie*, ou la *Broce-aux-Juifs*. Cette nation, à la suite de quelques-unes de ses amnisties, avait été comme parquée dans ce canton avec défense d'en sortir pour se mêler à la population ; à plus forte raison ne pouvaient-ils passer de là terre d'un baron sur celle d'un autre. On avait sur eux droit de suite dans ce cas. Dans une charte de 1223, le comte Thibaut revendique *plateam in Jueria juxta pontem de Balneis et domum in qua manebant Jacobus et Sonetus judæi mei.*

En 1260, le couvent des Cordeliers (aujourd'hui la maison d'arrêt) y fut installé. Il s'étendait jusqu'au cours d'eau remplacé aujourd'hui par le quai des Comtes de Champagne. Il donna son nom à la rue ainsi qu'au pont en pierre qui la terminait et qui se nomma encore, selon les temps, le pont des Bains et le pont des Cannes. Une croix en pierre très-ancienne dominait l'un des parapets ; elle fut brisée en 1792, le même jour que la Belle-Croix. A gauche de l'entrée du couvent se trouvait comme un premier cloître entouré de galeries couvertes, où le public était admis pour entendre prêcher, et qui se nommait le prédicatoire. Les bâtiments de ce couvent servirent aux assemblées de ville, reçurent en 1792 les incarcérés de la Terreur, et ont continué depuis à servir de prison. La cour criminelle a siégé dans le réfectoire pendant plusieurs années.

La rue des Cordeliers s'est appelée dans les derniers temps rue du Champ-des-Oiseaux. Nous croyons qu'il faut écrire ce mot par un *p*, et non par un *t*. C'est ainsi qu'il est orthographié à Rouen, où une rue du Champ-des-Oiseaux fait partie de l'un des quartiers de dernière formation de cette ville.

Arrivant à la rue des Carreaux, nous tirerons son étymologie de l'hôtel de ce nom (n° 28) qui fut depuis l'hôtel d'Argenteuil. Ce mot signifie un trait

d'arbalète qui avait en effet la forme presque carrée.
L'arbalète était elle-même très-souvent empruntée
pour enseigne. La véritable orthographe sera *Quar-
reaulx*, au singulier *Quarrel*. Il y avait à Amiens et
ailleurs des hôtels du *Quarrel*. On connaît à Paris la
rue des Petits-Carreaux, et je crois que l'industriel
de cette rue, qui avait pris pour enseigne, assez récemment, des Petits-Carreaux-à-Carreler, s'était
écarté de l'origine première de ce mot (25). D'autres hôtels servirent accidentellement à désigner
cette rue; celui du Moulinet-d'Or, dont la cour du
Moulinet a conservé la trace, et celui du Mont-Saint-
Michel, vaste établissement au côté nord de la rue
près celle des Sonnettes. On y voyait encore l'hôtel
de l'Abbaye-de-Boulancourt (n° 26), au coin de la
rue du Flacon, celui de Saint-Christophe et celui
des Quatre-Fils-Aymon.

Rue Saint-Frobert.

Elle conduit à l'ancienne église devenue propriété
particulière. La tradition veut qu'elle ait succédé à
une synagogue à l'usage des Juifs qui peuplaient le
quartier, et qui ont laissé leur nom à plusieurs rues.
Une pièce, publiée récemment par M. Guignard, ar-
chiviste, donne à cette opinion le plus haut degré
de probabilité (26). On était en 1320. Les Juifs de
Troyes, enhardis par leur nombre et par leurs richesses, violaient toutes les conditions auxquelles il
leur avait été permis de revenir cinq ans auparavant; ils se dispensaient de porter la rondelle d'é-
toffe colorée qui les distinguait; ils se mêlaient
aux assemblées des Chrétiens; ils provoquaient et

scandalisaient ces derniers par les cris sauvages (*ululatus*) qu'ils poussaient dans leurs synagogues, et troublaient par leurs vociférations les offices des Cordeliers, des Jacobins et de beaucoup d'autres églises du voisinage. Ces excès sont énumérés dans un mandement de Philippe-le-Long au bailli de Troyes, qu'il charge de les réprimer. Le voisinage des Cordeliers, qui étaient en tête des réclamants, est ici très-nettement exprimé ; quant aux Jacobins, ou Frères prêcheurs, bien plus éloignés, il faut considérer que le mandement signale *plusieurs synagogues.*

Saint-Frobert était donc alors une de ces synagogues. Sa transformation n'a pu s'opérer qu'après l'expulsion définitive des Juifs, sous Charles VII ; aussi Courtalon nous apprend-t-il qu'on n'a point, avant cette époque, de preuves de son existence comme paroisse.

Leur cimetière était à portée de ce quartier, au-delà de la porte de Comporté ; il était limité, à l'orient par le pavé de Preize, au nord par la ruelle du puits Sainte Jule, au couchant par le pavé de Preize, au midi par des jardins. En 1634, on le nommait encore le Champ-aux-Juifs ; il était fermé de murs.

Rue du Flacon.

C'est dans cette rue que depuis un temps immémorial se trouvaient établis les ateliers monétaires des seigneurs suzerains de Troyes et de la Champagne.

C'était alors la rue de la Monnaie.

Il est possible de préciser le point que ces ateliers occupaient.

Par un acte passé devant Regnaud Gombaud, garde-scel de la Prévôté, du 21 août 1382, le chapitre Saint-Etienne donne à cens, à Odart Naudot, une place de 30 pieds de large sur 77 de profondeur, un autre de 32 sur 78, et un courtil, tenant d'une par aux moines de Boulancourt (voyez rue Hennequin) : le tout en face de Montier-la-Celle (aujourd'hui la caserne), et de l'hôtel des Trois-Visages (n° 6), *où soûlait d'ancienneté être la grange de la monnaye*. Ainsi l'hôtel des monnaies de nos Comtes est représenté aujourd'hui par les nos 5, 7, 9 et 11, possédés depuis par les familles Laboulaye, Cuisin et Saulnier.

La date de son transfèrement à l'hôtel de Pontigny ne m'est pas connue, mais elle est antérieure à 1368, et la rue devint depuis la rue de la Vieille-Monnaie.

On conservait au trésor de Saint-Etienne plusieurs des coins les plus anciens. Vers la fin du dernier siècle, on voyait encore dans une chambre basse de la maison sise en face la ruelle du sable rouge provenant de la fonte des métaux (27); le chanoine Hugot a consigné dans ses notes des remarques semblables pour les maisons voisines. Nos Comtes tiraient de leur monnaie des produits considérables. Ils affermaient fort cher le droit de fabrication, se réservaient les rognures dont le produit était assez important pour qu'on pût y trouver de quoi assigner des pensions ; enfin, ils prélevaient une forte partie des droits d'un échange qui était obligatoire.

Cette monnaie était en grande estime, et plusieurs

hauts barons la prirent pour type de leurs émis-
sions. Ce n'est pas seulement parce qu'elles ne laissaient rien à désirer pour l'exactitude du titre et du
poids, c'est que ce poids était un dérivé du marc de
Troyes adopté par l'Allemagne, l'Angleterre, l'Espagne, la Flandre et d'autres contrées éloignées,
notamment pour les transactions commerciales.

Cette faveur provenait, dit Ducange (28), de ce
que ce poids était en usage aux foires de Troyes, qui
étaient alors les plus célèbres et les plus fréquentées
de l'Europe.

Cette rue s'est appelée *du Petit Séminaire*, à l'occasion d'un vaste hôtel dépendant de l'abbaye de
Montier-la-Celle, converti aujourd'hui en caserne,
et qui servait au siècle dernier de petit séminaire.

Il était dit petit-hôtel par opposition *aux grandes-
maisons* de Montier-la-Celle, rue de la Trinité.

Elle a reçu aussi le sobriquet de rue des Malheureux, à cause du passage des condamnés conduits
au supplice. Quelques titres l'intitulent rue des
Juifs, à cause du voisinage de la Juerie. Enfin, elle
a quelquefois été comprise avec la suivante sous la
dénomination commune de rue des Sonnettes.

Rue des Sonnettes.

En 1367, elle se nommait rue des Clochettes. On
la trouve au xvᵉ siècle indiquée comme rue du Rondeau, ou *rue allant au Rondeau*. Nous nous occu-
perons du dernier nom à l'article de la place de la
Tour.

Rue Vieille-Rome.

C'est bien en effet la Vieille-Rome, car elle remonte à une date bien reculée. Un titre de 1270

mentionne *vicum qui dicitur vetus Roma, in Jueriâ.* En 1560, on disait rue du Puits-de-Rome.

C'était là, croyons-nous, une hôtellerie.

Au moyen-âge, quand la foi était vive et active, les routes étaient couvertes de pélerins de tout sexe et de tous âges, se rendant aux lieux saints, ou allant visiter des églises consacrées par quelque dévotion particulière. Ceux qui ne possédaient que le bâton et la gourde étaient reçus et hébergés dans les hospices dotés à cette intention. C'est ainsi qu'à Troyes Saint-Abraham recevait les pélerins se rendant aux lieux saints, Saint-Bernard ceux qui allaient au Mont-Saint-Michel, et que le peuple nommait les *michelots,* Saint-Nicolas les pélerines, et l'Hôtel-Dieu les pélerins de toutes destinations, mais pour une nuit seulement. Ceux qui voyageaient à leurs frais descendaient dans des hôtelleries, et par préférence dans celles que fréquentait plus particulièrement telle ou telle catégorie, comme étaient à Troyes les logis de Jérusalem, du Mont-Saint-Michel, de Saint Jacques-de-Compostelle, de Notre-Dame-de-Recouvrance et autres. Il en était de même dans toutes les villes. Les pélerins de Rome, si nombreux, ne pouvaient pas être oubliés chez nous plus qu'à Cambrai, où se trouvait la Maison-de-Rome, à Valenciennes la Ville-de-Rome, à Paris la rue de Rome et du Puits-de-Rome (depuis, la rue Aumaire) (29).

On trouvait dans notre rue une autre enseigne du nom de Jésus, qui servit à certaines époques à la désigner.

Place de la Tour.

Un étranger remarque au fond de cette place un portail isolé, d'une grande simplicité, dont l'intérêt ne se révèle pas d'abord; il approche et il apprend, par une inscription tracée en lettres d'or sur le marbre, que la reconnaissance publique a pieusement conservé ce débris d'une des résidences des Comtes de Champagne, en souvenir des bienfaits sans nombre dont ils ont comblé notre ville.

L'étranger applaudit à ces nobles sentiments, mais il ne sait comment les concilier avec l'état d'abandon dans lequel ce petit monument est laissé.

La Société académique, qui a voté l'inscription, a souvent réclamé une clôture, ne fût-elle que provisoire. Cette mesure, dès qu'il sera possible de s'en occuper, aura l'approbation générale.

Ce portail, qui il y a trente ans se trouvait de niveau avec la place (tant le sol des villes tend à s'exhausser rapidement), donnait accès à un château datant du xɪe siècle, c'est-à-dire d'un siècle, dont les spécimens sont chez nous d'une extrême rareté. Ses dispositions, son architecture, étaient toutes militaires. Son enceinte, de forme ellyptique, formée de murs très-élevés, s'appuyait, au nord sur le cours d'eau, à l'est sur la rue des Moulins-de-la-Tour, à l'ouest sur un terrain qui devint, au xɪɪɪe siècle, l'enclos des Cordeliers, implanté en vignes, aux dépens duquel enclos la rue des Cordeliers a été tracée récemment.

A l'opposite du portail, relié avec la muraille, s'élevait le donjon féodal, nommé plus tard *la tour du Roi, la grosse tour de Troyes,* de laquelle relevaient les fiefs du bailliage, et devant laquelle, dans l'intérieur du pourpris, venaient se rendre les foi et hommage des vassaux. Cette tour avait, dès l'origine, communiqué son nom au moulin voisin, *molendinum sub turre.* Il sert depuis 1851 à désigner la place qui s'appelait alors place des Prisons.

Desrues nous apprend (30) que cette tour s'écroula en 1525. Elle ne paraît pas avoir été reconstruite. La vue de Troyes, gravée en 1621, la représente en état de ruines, et sa hauteur était réduite à une douzaine de mètres quand M. Arnaud la mesura.

Lorsque les Comtes de Champagne abandonnèrent ce château pour leur palais, plus convenable à une grande représentation et aux assises judiciaires, il reçut d'autres destinations.

C'était, au xvi⁰ siècle, *les prisons royaux.* Ce fut dans les cachots de cette maison que se passa l'une des plus horribles des scènes qui suivirent la Saint-Barthélemi (24 août 1572). De nombreux prisonniers y furent égorgés par l'autorité de gens qui avaient en main les ordres de mise en liberté. Troyes eut aussi ses journées de Septembre.

Ce château servit aussi d'arsenal et de magasin à poudre.

Il fut enfin vendu il y a une vingtaine d'années, et des habitations particulières en occupent l'emplacement.

A l'est de la place (n° 11), la maison occupée par la Recette générale et ses vastes dépendances constituait au siècle dernier le prieuré de Saint-Jean-Châtel.

A une époque fort reculée, sans qu'on puisse préciser la date, le couvent de Montiéramey avait formé là un établissement.

Une église y fut bâtie, qui paraît avoir servi de chapelle au château dont elle reçut son surnom.

Les comtes de Champagne exercèrent de grandes libéralités envers leurs voisins. En 1100, ils leur firent don de la justice de Saint-Martin-ès-Vignes. En 1122 (31), ils leur conférèrent, par un autre acte, des avantages considérables.

Au milieu du xiii° siècle, Saint-Jean-Châtel obtint des reliques de saint Blaise, ce qui donne occasion de l'appeler le prieuré de Saint-Blaise.

Vers 1765, le titre du prieuré fut transféré à Saint-Martin. L'église fut démolie, et les dépendances devinrent une propriété particulière. L'église paraît avoir été peu considérable. Sa façade était dans l'alignement de la place. Sa position est donnée dans une des planches du *Voyage archéologique*.

La rue qui de ce point descendait au moulin porte au plan manuscrit de 1769 le nom de rue des Mathurins. On n'en aperçoit pas la cause. Nous ferons seulement remarquer que les Mathurins, avant d'occuper le local de la Trinité-Saint-Jacques, avaient fait un premier séjour en Preize, c'est-a-dire dans la justice de Saint-Martin, dite justice de Saint-Jean-Châtel.

Rue de la Santé.

Dans le cours du xvi° siècle et dans la première partie du xvii°, la ville de Troyes était presque périodiquement affligée par la peste; on en signale une invasion dès 1467. En 1478, elle fit périr 2,000 personnes.

On sentit le besoin d'isoler les pestiférés et ceux qui leur donnaient des soins.

En 1505, une partie des malades était établie dans les bâtiments de Saint-Jean-Châtel; les autres avec les barbiers (chirurgiens), serviteurs et porteurs, dans la maison du Rondot, rue du Rondot.

La maison était située au midi de la rue actuelle de la Santé, et la rue faisant suite à la rue des Tournelles débouchait sur la rue des Sonnettes (32); aussi trouvons-nous dans les titres la rue des Tournelles, sous le nom de rue du Rondo, et la rue des Sonnettes, désignée de même ou comme *allant au Rondot*.

La maison du Rondot avait été acquise par la ville, de Gilet de Monsaujon. Elle était chargée de 30 sols de cens envers les religieux de Saint-Loup.

Les besoins prenant plus d'extension, les échevins achetèrent, en décembre 1570, du couvent de Montiéramey, un terrain de 43 cordes, dit place de Saint-Jean, au midi du prieuré.

On y construisit un hospice provisoire qu'on appela par antiphrase la Santé, où les Petites-Maisons. Il fut agrandi en 1625, et l'héritage du Rondot y fut inglobé. On y joignit une chapelle pour le service des malades, sous le titre de Notre Dame-l'Honorée. Quand elle était insuffisante, on avait recours à Saint-Blaise.

En 1710, le fléau ayant depuis longtemps disparu, on démolit les bâtiments et l'on vendit le terrain à divers particuliers pour en faire des jardins.

On ne réserva d'autres communications publiques que la rue ou ruelle de la Santé, dont le nom rappelle l'ancien état de choses.

Le plan de 1747 (1697) figure bien ce qui vient d'être exposé ; seulement, le numéro de rappel à la légende est attaché par erreur à d'autres édifices.

Rue du Paon.

Son plus ancien nom connu est celui qu'elle porte encore aujourd'hui. La maison du Paon formait l'un de ses angles avec la rue des Cordeliers. Elle fut donnée au chapitre Saint-Pierre le 20 septembre 1400, par Pierre de Bruges.

L'hôtel des Trois-Maures, qui a servi quelquefois à la désigner, aboutissait par derrière au cimetière de Saint-Frobert, où il y avait une croix.

Elle a encore porté le nom de l'Arche-de-Noé, emprunté à une troisième enseigne.

Le n° 16 a été longtemps occupé par la communauté des sœurs Régentes, qui se livraient à l'éducation des jeunes filles. Elles avaient été établies par Nicole, qui passa plusieurs années à Troyes, de 1670 à 1678. Ce séjour explique comment l'école et les doctrines de Port Royal ont été longtemps en grande faveur à Troyes.

C'est probablement à la même circonstance qu'est due la présence, parmi les manuscrits de notre bibliothèque communale, de nombreux documents et correspondances concernant le jansénisme et les personnages qui s'y rattachent.

———

Me voici parvenu au terme du voyage ; que ceux qui ont bien voulu s'y associer me pardonnent la sécheresse et le décousu de la forme, comme aussi de les avoir engagés à ma suite dans des rues quelquefois mal famées, sales, étroites, et n'offrant pas toujours en compensation l'attrait de la curiosité.

Bien que je puisse me rendre la justice de n'avoir pas épargné ma peine et d'avoir puisé les éclaircissements à toutes les sources et auprès de toutes les personnes qui étaient à ma portée, je reconnais que je n'ai pas tout expliqué, et que mes explications ne sont pas toujours à l'épreuve des objections. Ces recherches touchent à tous les points de l'archéologie qu'on peut appeler morale, qui n'a pas été étudiée et pratiquée autant que l'archéologie descriptive. Comme elles présentent un véritable attrait, d'autres s'en occuperont, me corrigeront, me compléteront.

Après avoir ainsi, à deux reprises, fait mes adieux au vieux Troyes, pour lequel j'ai peut-être montré un peu de faiblesse, je terminerai par des vœux en faveur de celui qui lui succède, et qui, livré tout entier aux préoccupations du présent, aux espérances de l'avenir, ne s'occupe pas beaucoup du passé.

Puisse-t-il, dans la nouvelle forme qu'il revêt, grâce aux nouvelles industries qu'il adopte, surpasser, s'il est possible, la grandeur et la renommée qu'il a connues au moyen-âge !

Puissent ces rapides voies de communication dont il va devenir le centre, comme il l'était autrefois de celles tracées par le peuple roi, lui apporter incessamment population, richesses, abondance de toutes choses ! Mais qu'il n'oublie jamais d'associer au culte de la fortune celui des lettres et des beaux-arts, car c'est encore de ce côté que lui sont venues ses plus grandes illustrations.

NOTES.

NOTES DE L'AVANT-PROPOS ET DU QUARTIER DE BELFROY.

———

(1) Voyez ses actes pour 1854.

(2) 2º volume *in fine*.

(3) Voyez le Rapport de M. Camusat de Vaugourdon dans l'*Annuaire de 1855*.

(4) V. l'échange de Philippe-le-Bel avec Chambly, en 1284.

(5) Ibid.

(6) Aux archives de la ville.

(7) Voyez les Mémoires de la Société Académique de Troyes pour 1827. J'appellerai le plan, dont on y trouve l'analyse, *plan de Saint-Pierre*.

(8) Complainte de la grosse cloche de Troyes, par Nicolas Mauroy (1515).

(9) Ce premier numérotage n'avait qu'une seule série de 1 à 2,768. Le nº 1 était à côté de l'hôtel-de-ville. Il ne servit du reste, pendant longtemps, que pour le logement des troupes et autres besoins administratifs.

(10) Voir l'Eloge de la ville de Troyes, par Pierre Grognet, *Annuaire de 1852*.

(11) Voyage de Nogent-sur-Seine à Jérusalem par le seigneur de Champarmoy et Denis Possot. — Paris, 1536.

(12) Mine était la mesure publique des grains dont l'étalon était réglé par le prince, qui percevait un droit dit *minage*. Hugues de Troyes l'avait donné à Saint-Pierre.

(13) V. le plan de Saint-Pierre.

(14) Voir *extensâ comitatûs campaniæ*. — K, nº 1,151 aux archives impériales.

(15) Depping, *Histoire du Commerce du Levant*, p. 240.

(16) *Album de l'Aube*, par MM. Fichot et Aufauvre.

(17) Courtalon.

(18) Ibid.

(19) *Ordonnances du roi de France*, v. 2, 418.

(20) *Normandie souterraine*, par l'abbé Cochet.

(21) Lettre X, livre III.

(22) Crapelet, *Dictons populaires*, 1831.

(23) A la suite des statuts des bouchers.

(24) Nous allons consigner ici les noms des prévôts de Troyes dont nous avons connaissance. D'autres compléteront cette liste.

1175. Lupus et Joscelinus (Maladrerie des Deux-Eaux).

1179. Herbertus.

1180 à 1190. Jacobus.

1201. Girardus Melitarius ,— On lisait sur son sceau : ✝ *S. prepositi et Burgensium trecarum.*

1272. Guillaume de Bar.

1285. Jacques d'Ervy.

1307. J Galimart.

1310. Li Cornu.

1378. J. de Renneval. Condamné à faire amende honorable pour avoir soumis des clercs à la torture.

1450. Ant. Guery.

1461. Arnoul Housse

1480. Pierre Gruyer.

1503 Guillaume Gruyer.

1530. Nicolas Favier.

1555. Jean de Mesgrigny.

1572 à 1586. Claude Jaquot. A joué le rôle le plus odieux dans les massacres de la Saint-Barthélemy à Troyes.

1594. François Lefèvre.

1595. Pierre Regnault.

1602. François Leduchat.

1622. Lefèvre.

1636 Edouard Denis.

1667. Denis, mort assassiné sur le mail par l'hôte de l'Ecu-de-Bourgogne, qui fut roué.

1677. Joseph Vigneron.
1732. Leclerc de Grammont.
1743. Louis Tétel, son gendre, jusqu'à la suppression de la
prévôté en 1749.

(25) *Voyage archéologique dans l'Aube*, par d'Arbois de Jubainville, p. 124. — Depuis l'impression de cet article, j'ai laissé ouverte l'enquête sur l'origine de cette dénomination. Des savants de Paris et de Reims n'ont pu fournir aucune solution. J'avais remarqué, parmi les rues de Rouen, celle qui s'appelait du *Petit-Salut.* J'y trouvai quelque analogie avec notre Petit-Credo, et j'en écrivis à M. Delaquerière, très-familier avec ces sortes de recherches. Il me répond que le Petit-Salut était une enseigne représentant la Salutation Angélique. Il pense que certainement notre rue se distinguait par une enseigne figurant les douze Apôtres, ainsi que leur symbole. Quelques personnes de Troyes, que j'ai consultées, remarquant le voisinage de la loge du prévôt et de deux piloris, rattacheraient volontiers *ce Credo* à quelque amende honorable faite en public dans cet endroit, telles que les lois en prononçaient en certains cas, notamment en matière d'hérésie. Enfin, il a été établi qu'il y a tout au plus une trentaine d'années, le petit corps-de-logis faisant face à la rue de la Harenderie était occupé par un logeur à l'enseigne du *Petit-Credo.* Mais l'enseigne se bornait à cette inscription, qu'on peut supposer avoir été empruntée à la rue. J'ai vu les titres de cette maison, ils sont muets.

(26) La prévôté de Pont-sur-Seine fut une des premières qui entrèrent dans le domaine du roi en 1285. (V. Brussel, p. 461.)

(27) On conserve aux archives départementales les pièces du procès criminel instruit prévôtalement contre les assassins de M. Huez. On conserve à la mairie des fragments de sa correspondance durant l'assemblée des notables.

(28) Notice sur Girardon, 2ᵉ édition.

NOTES DU QUARTIER DE CRONCELS.

(1) *Annuaire de* 1852.

(2) Courtalon, II, 433.

(3) Brussel, 42.

(4) *Polyptique d'Irminon*, III, 362

(5) Courtalon.

(6) Il ne fallut rien moins que des lettres du roi, en 1418, pour débarrasser de ces logettes l'Étape-au-Vin Nous avons vu assez récemment détruire les deux dernières dans la place de la Charbonnerie Elles figurent au plan de 1839

(7) *Mémoires sur Troyes*, 518, t. Ier.

(8) Ducange, suppl. au mot *Cornus*.

(9) Guillaume Pepin, *de imitatione sanctorum* (1536), p. 296.

NOTES DU QUARTIER DE COMPORTE.

(1) *Spicilege*, VI, 519.

(2) Voyez un mémoire de M Forneron sur le collège de Troyes, dans l'*Annuaire de* 1841, et le n° 357 des manuscrits de la bibliothèque de Troyes.

(3) Glossaire du centre de la France, par le comte Jaubert.

(4) Echange de la Vicomté de 1297, entre Philippe-le-Bel et Chambly.

(5) Voyez *Ordonnances des rois de France*, mandement de Charles V.

(6) Voir les comptes de la Madeleine, publiés par M. Assier.

(7) Voir les actes de la Société Académique pour 1849.

(8) Voir l'*Annuaire* de l'an ix.

(9) Actes de la Société Académique pour 1842.

(10) *Eleemosine*, chap LVIII

(11) Rues de Lisieux, par d'Ingremont, 1854

(12) *Ephemérides*, II, 138. — Dans le journal de Verdun, de février 1754, se trouvent des vers du docteur Jeannait sur la convalescence de Mlle Hauffroy, *membre de la Société de la rue des Lorgnes*

(13) Ibid., II, 157.

(14) La bûche des repenties était un autre banc placé devant le couvent des filles repenties, rue des Filles. — La rue du Coq fait retour avec la rue des Lorgnes.

————o❖o————

NOTES DU QUARTIER SAINT-JACQUES.

——

(1) Voir le plan de Saint-Pierre.

(2) Courtalon, II, 460

(3) Desgueriois, 1637.

(4) Glossaire de Jaubert.

(5) Lebœuf, *Diocèse de Paris*, II.

(6) *Annuaire* de l'an ix.

(7) Actes de la Société Académique, 1849.

(8) Notes sur la vie de Sainte-Maure.

(9) Voir le journal du département de l'Aube, 1792, n° 34.

(10) Courtalon, II, 308.

(11) Acte de la Société Académique pour 1854

(12) Voir les almanachs de Troyes, 1788 et 1789

(13) Camusat, p. 188.

(14) *Ephém.*, I, 28.

(15) Delamare, *Traité de la Police*.

(16) *Origines de Caen*, p. 171.

(17) Plan de Saint-Pierre.

(18) *Histoire de Paris*, vol. II, p. 588.

(19) Voyez la relation de cette cérémonie dans la *Gazette de Paris*, du 20 mars 1792.

(20) *Almanach de 1782*; Courtalon.

(21) Actes de 1841.

(22) *Registre de Champagne pour 1256*. Extraits par Brussel, p. 43.

(23) Voir, dans l'*Annuaire de 1845*, une Notice de M. Harmand sur cette bibliothèque.

(24) *Polyptique d'Irminon*, dans l'appendice, journal de Verdun, 1750-1751.

(25) De la Tynna, *Rues de Paris*.

(26) *Annuaire 1852*, p. 47.

(27) *Almanach de Troyes* de 1788.

(28) Au mot : *Marca Trecensis*.

(29) Jaillot.

(30) François Desrues, auteur des *Descriptions des villes de France* — Cet auteur, dont les notices sont généralement très-brèves et très-incomplètes, consacre à la ville de Troyes un article fort étendu, fort détaillé et assez exact. Quand on rapproche de cette circonstance le fait qu'il a été souvent réimprimé dans la même ville, il y a lieu de présumer ou qu'il y est né, ou qu'il y a fait un long séjour, nous ne savons à quel titre.

(31) Je profite de l'occasion qui m'est offerte pour rétracter ce que j'ai dit dans mon mémoire sur les enceintes de Troyes, touchant la ligne qui fermait au nord la cité romaine. Jurant sur la parole de Grosley, qui n'est pas un guide bien sûr en archéologie, je m'étais cru comme lui absolument astreint, par les termes de la charte du comte Hugues, de l'an 1122, à reconnaître qu'à cette date Saint-Jean-Châtel se trouvait encore en dehors de la Cité, *quæ infra muros urbis tricassinæ sita est,*

et par conséquent à diriger la ligne d'enceinte primitive dans le sens de la ruelle de la Santé, pour aller traverser l'enclos des Cordeliers.

Pourtant bien des choses y répugnaient, et d'abord à aucune époque on n'avait signalé vestiges d'une muraille dans cette direction.

Quoi de plus naturel ensuite, quand on avait un cours d'eau à portée, que d'y appuyer l'enceinte au nord comme on l'avait fait au levant et au couchant?

Enfin, admettre que le couvent de Montiéramey, établi aux champs, aurait placé sa colonie urbaine précisément de l'autre côté du rempart, en dehors de toute protection, ce serait méconnaître les usages invariables de ces temps-là.

J'ai donc dû rechercher de nouveau le véritable sens du texte, et j'ai reconnu que la plus légère altération d'un copiste aurait pu donner *infra* au lieu d'*intra; que cet *infra*, même dans la basse latinité, comme on me l'a fait remarquer, signifie *en dedans* et non *en dehors*. Mais ce qui est plus décisif, c'est que cette charte même de 1122 se termine par ces mots : *Actum apud urbem tricassinam in claustro sancti Joannis de Castello*, qui certainement ne peuvent se traduire autrement que par ceux-ci : *Fait à Troyes, dans le Cloître de Saint-Jean-Châtel.*

Rendu ainsi à toute ma liberté, je n'hésite pas à reculer l'enceinte jusqu'à la rencontre du cours d'eau, comme l'a fait Parisot dans son plan.

Quant à la porte de ville, deux motifs se réunissent pour la placer aux abords du pont du moulin, à savoir : la direction des rues partant de la porte Jaulne, qui bien certainement était antique, puis l'inflexion de la petite rue du puits de Sainte-Jule qui, si l'on se reporte au plan de 1697, tend évidemment vers ce point. Or, on sait que cette rue, nommée rue des Filles-Dieu au moyen-âge, constitua dans l'âge romain l'une des grandes voies sortant de Troyes. Elle était encore pavée en partie en 1732.

(32) Plan de Saint-Pierre, *Société d'Agriculture*, année 1827,

OMISSA.

—

Page 20, après ces mots *le joli mai*, ajoutez : Le logis du Palais ou du Petit-Palais, qui figure dans la liste précédente, ayant donné son nom à une cour voisine de Saint-Urbain qui, dans l'Annuaire de l'an XII, figure encore au n° 134 de la rue. Cette dénomination s'était même étendue à un groupe de maisons de ce quartier, et quelques biographes y ont trouvé l'origine du surnom de Petit-Palais, *de Curto Palato*, qu'aurait porté le père du pape Urbain IV.

Page 41, après ces mots *un bras de Seine*, ajoutez : Ce qui lui a valu le nom de rue de Seine, sous lequel elle est encore désignée dans l'Annuaire de l'an IX.

Page 51, après ces mots *place de la Préfecture*, ajoutez : Cette place s'est nommée, pendant la Restauration, place de Marie-Thérèse, prénoms de Mme la duchesse d'Angoulême; et, plus tard, la place d'Armes. On la désigne souvent aujourd'hui sous le nom de Place de la Halle, emprunté à l'édifice que nous devons aux talents de M. Pierre Gauthier, enfant de la ville, mort membre de l'Institut. Sans s'éloigner de la sévérité de lignes que réclamait sa destination, il a su en faire un véritable monument, l'un de ses plus beaux titres à l'estime des artistes.

———

TABLE

DES RUES, RUELLES ET PLACES

MENTIONNÉES DANS CETTE REVUE

Rues et Ruelles.

Places

TROYES. — TYP. BOUQUOT, IMP. DE LA SOCIETE ACADEMIQUE DE L'AUBE.

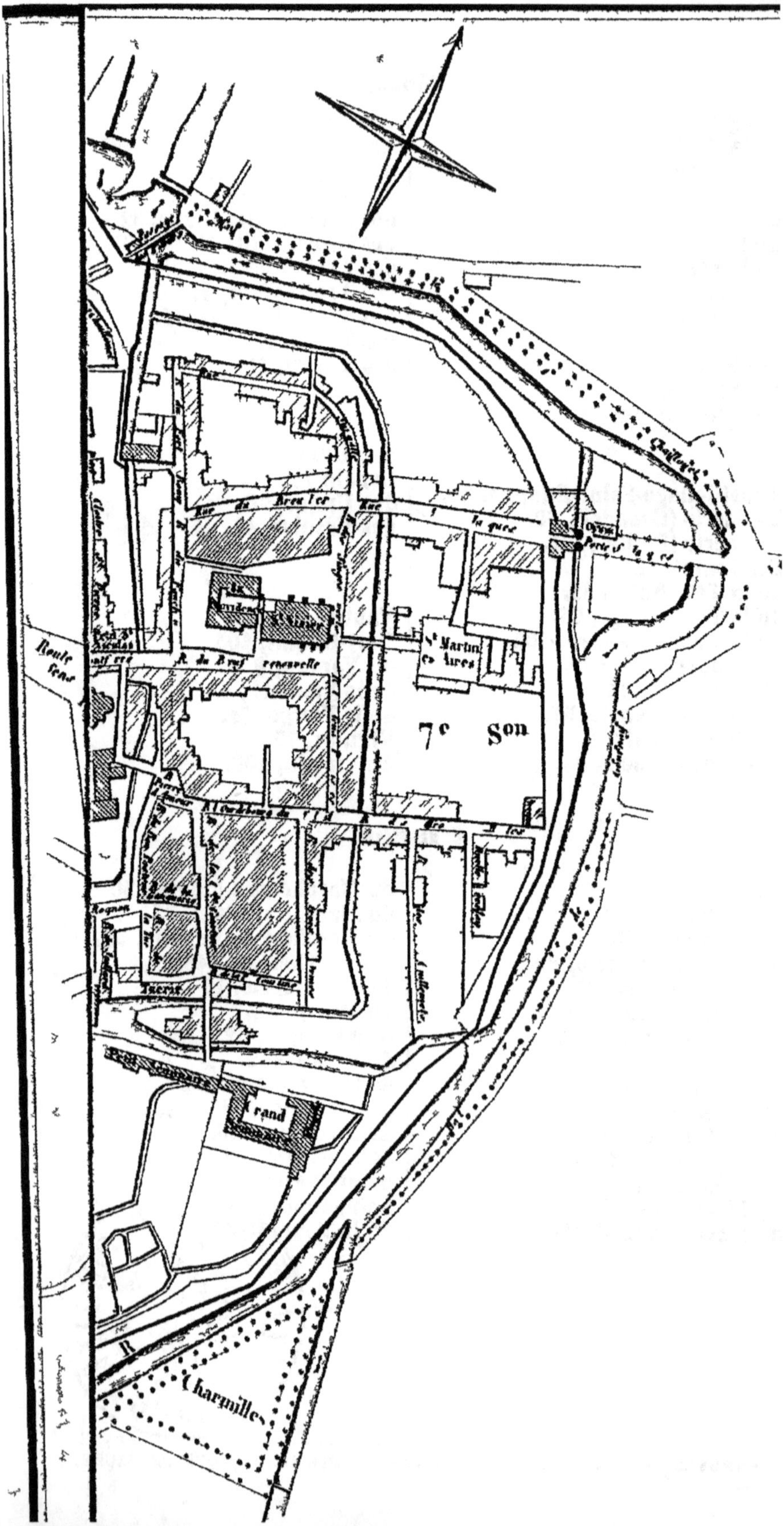

7e Son
St Martin es Aires
Grand Séminaire
Petit Séminaire
Charmilles
Route
Rue du Breuil

www.ingramcontent.com/pod-product-compliance
Lightning Source LLC
Chambersburg PA
CBHW050005100426
42739CB00011B/2519